Quit Point

Adam Chamberlin
Svetoslav Matejic

挫折ポイント

逆転の発想で「無関心」と「やる気ゼロ」をなくす

Understanding Apathy, Engagement, and Motivation in the Classroom

アダム・チェインバーリン＋スヴェタスラヴ・メイジック
福田スティーブ利久・吉田新一郎 訳

新評論

はじめに

異なる問い方をしよう
答えが気に入らないのなら、別の問い方をしよう。
（作者不明）

暖かい夏休み、ほとんどの人が寝ている朝四時、ある教師が必死にウェブページの更新キーを何度もクリックしていた。普通なら、教師にとっての夏休みといえば家族とゆっくり過ごす時間であろう。少なくとも、学校関係者以外の人ならそのように思っているはずだ。しかし、実際は違うのだ。

八月下旬から九月上旬に新年度がはじまるアメリカの学校では、生徒が学校に来ない七月から八月にかけての夏休みには、次年度の計画をする教師もいれば、終わったばかりの年度を振り返る教師もいる。パソコンの画面から離れられないこの教師は、教え子のＡＰテスト（アメリカの高校生が受験できる、大学講義に相当する内容の試験）の結果が気になり、ずっと画面を見続けている。

雪で休校になったあの日、短縮授業になったあの日、自分が体調を崩し、学校を休んでしまったあの日が繰り返し頭の中に浮かびあがり、最悪の結果を恐れていた。それと同時に、教え子が出した模擬試験のよい結果や生徒が出席してくれた放課後の補習を思い出し、希望を感じる一瞬もあった。

結果がどうなろうと、次年度の指導に影響を与えるのは確実である。画面上に現れる結果は、教師としての自分の評価を示すものになるので、ぐっすり眠れないというのも不思議なことではない。

教師は生徒の成功や失敗で自分を評価するようになるが、本来なら、生徒の「出来・不出来」による教師の評価はそんなに単純なものではない。なぜなら、生徒は一人ひとりの才能や興味に基づいて、さまざまな速度や方法で学ぶからである。これらの事柄を配慮しながら教師は授業計画を立て、いかに授業実践を頑張ったとしても、どうしても一部の生徒から成果が見られないことがある。

多くの教師は真面目で根気強いため、すべての生徒を成功に導きたいという気持ちをもっているが、残念ながら気持ちだけでは不十分と言える。だから、一生懸命授業計画を立てる教師は、自分の授業方法ではなく、生徒側に問題があると思いはじめ、なぜ生徒はもっと一生懸命勉強しないのか、と疑問をもつようになる。

私たちは、この疑問に対する答えを一年ほどかけて探った。とくに、「どうすれば、より多くの生徒がもっと意欲的に学習ができるようになるのか」に焦点を絞って研究してみた。授業にテクノロジーを取り入れたら生徒のやる気が高まるのではないかという思いつきから、グーグル社の「クロームブック」(1)を使いはじめた。クロームブックを利用することによって、生徒一人ひとりをいかせる教室をつくることが可能になるだけではなく、今日の情報社会やグローバル社会を生き抜くために必要と言われている「二一世紀型スキル」(クリティカル・シンキング(2)や創造性、コミュニケーション能力や協働する力、情報リテラシーなど)を育てられると思っていた。

また、あまり意欲的になれないと言われていた従来の教育方法でなく、最新で学習意欲が高まる教育を提供できるとも考えた。たとえば、教科書よりネットに存在する無限のコンテンツを手に入れることが可能になった今、生徒の学習意欲が高まると期待していたわけである。テクノロジーを使うことで、生徒一人ひとりが魔法にかかったように授業に集中し、やる気満々で勉強してくれると夢見ていたということだ。

一斉授業から、いきなり教師と生徒が一対一で学ぶ個別化された授業に代われば、課題の多くが生みだされることは予想していた。もちろん、テクノロジーを利用した授業を行うと、細かい

---

(1)　ここに書かれている「生徒一人ひとりの才能や興味に基づいてさまざまな速度、さまざまな方法」や、学習履歴、ニーズなどに対応する教え方については、『ようこそ、一人ひとりをいかす教室へ』を参照。

(2)　「批判的思考力」とよく訳されるが、それは全体の三分の一か四分の一しか占めていない。より大きなウェイトは、「大切なものを見極める力」と「大切でないものを排除する力」が占めている。

トラブルを解決することになることも十分に分かっていた。しかし、生徒同士の協働学習が増えたり、学習意欲が向上したりするなど、私たちが生徒に提供できる教育がより良いものになると確信していたため、これらの課題やトラブルに関しては前向きに捉えていた。

私たちは、この新しい授業形態に変えることで、「学習がより楽しくなる」と生徒に繰り返し伝えてきた。そして、慣れ親しんだ受け身の授業を望んでいた生徒を安心させ、デジタル化された授業に興味を示してくれた生徒を励ました。すると、生徒が鉛筆を忘れたり、プリントをなくしたりして授業を中断させるような場面がなくなった。ひたすら教師の話や解説を聞くというだけの授業にうんざりしていた生徒にとっては、この授業形態は新鮮だったし、私たちはこれですべてがよい方向に向かうと信じていた。

しかし、私たちの期待とは裏腹に、「クロームブック」などを利用し、授業をデジタルに切り替えただけではさほど大きな変化が見られないことがすぐに明らかになった。教室の風景は、見た目は変わったものの、学習成果はあまり高まることはなかった。

私たちの考えが甘かったと気づいたのは、学習意欲のない生徒の数が変わらなかったという事実に直面した瞬間であった(3)。成績が上位の生徒の学習意欲は高まったが、授業形態を変えてから二か月後、下位の成績にいた生徒のやる気は依然として変わらなかったのだ。私たちが教育に劇的な変化を与えたと思っていたことは、結局のところ、従来の教育方法と同じ結果をもたらしたということである。

やる気のない生徒の姿に落胆した私たちは、さらに改革をすることにした。私たちがつくったデジタル教室は、より良い学習内容を提供し、個別指導の質を上げることになったわけだが、何かが欠けていたのだ。生徒の「背中を押す」という何かが必要だった。

多くの人から、「生徒がもっと熱心に学習するには動機づけが必要だ」とか「生徒が興味を示すように、授業をより魅力的なものにすべきだ」などのアドバイスをもらったが、これらのアドバイスは、生徒を批判しているように聞こえたり、「よい授業をする気持ちがない」と教師を責めているようにも聞こえてしまった。(4)

突然、私たちにひらめきがもたらされた。これまでは、よい教材や効果的なテクノロジーを利用した最新の教育手法を取り入れることばかり考えていたが、生徒目線の学習意欲についてはまったく考えていなかった。よく使われる古典的な「飴と鞭」の動機づけではなく、学習意欲が高い生徒とそうでない生徒の違いを問い直し、いったいどうすれば学習意欲が高まるのかについて

(3)　原書では、学習意欲(やる気)をどのように測っているのかについては述べられていない。また、この本が書かれたのは、新型コロナが広がる以前の二〇一八年である。
(4)　原書は教育現場向けに書かれているのだが、「教師」や「生徒」を「教え手」・「受け手」ないし「学び手」などに入れ替えると、成人対象の研修や講座などでも同じことが言えるだろう。

探りはじめることにした。

まず、実証された研究成果を調べたが、どの答えも納得できるものではなかった。そこで、「答えが気に入らないのなら別の問い方をしよう」と、生徒のモチベーション[5]を高めることではなく、「生徒がつまずいたり、挫折したりする理由は何なのか?」と私たちは方向転換を図ることにした。そして、この新しい問いが、私たちが考えもしなかった可能性を切り開いてくれることになった。

残念ながら、多くの教師は、生徒の学習意欲などを高めるといった問題に対する解決策が見つからないとき、生徒のやる気や努力に問題があるのではないかと考えてしまうものだ。しかし、私たちは、生徒のやる気と努力を責める前に考えなければならないことに気づいた。生徒がやる気をなくした瞬間や努力をしないと決めた瞬間、つまり「挫折の瞬間」に目を向けて、これを「挫折ポイント」と私たちは名づけることにした。そして、この「挫折ポイント」を研究することこそが、生徒の学習に対するやる気や無気力・無関心さに対処するための新しい教育方法を見つけるのに役立ったし、私たちを新しいスタート地点に導いてくれることになった。

そのときから私たちは、この「挫折ポイント」の視点からすべての出来事を見るようになり、現在もこの視点から生徒のモチベーションを分析したり、解釈したりしている。また、「挫折ポイント」の視点から見ることは、生徒の学習に対するモチベーションに関する問題および解決方法をより深く理解するためにも必要なツールであると感じるようになった。

モチベーションを、体毛の色、血液型、利き手と同じように一定の要素として感じている人が多い。しかし、人がどのように働いたり、勉強したりするのかについて詳しく調べたところ、モチベーションというのは一般的に人が認識しているよりもはるかに範囲が広く[6]、変化するものであることが分かった。

たとえば、本を読むときのモチベーションがどのように変わるのかについて考えてみよう。最初は、出てくるキャラクターや場面などを知らないためにゆっくりと慎重に読みはじめるが、次第に読むエネルギーが薄れていくこともある。しかし、クライマックスが近づくにつれて先を読みたくなるほど興奮する状態になり、夜中まで起きて、最後まで読んでしまう。つまり、読みはじめたときとは比べものにならないほどのエネルギーを注いでいるということだ。

このように、モチベーションには山もあれば谷もあるのだ。これらの山と谷を見いだすということが、「挫折ポイント」における理論の基本となる。「挫折ポイント」を認識することが、生徒のモチベーションを考えるうえにおいて基本となるわ

---

(5)　生徒のやる気や学習意欲の研究では、モチベーションを使っている。

(6)　単に「あるか、ないか」ではなく、本書の各章において「挫折ポイント」の図や「連続体」などで明らかにしていく。どのようなモチベーションがあるかによって対処法が異なる。本書全体がこのテーマを扱っている。

けだが、それはあくまで最初の一歩にすぎない。生徒が興味をもっている物事、できる／できないこと、抱いている目標を知ることは、教師がより効果的・効率的な学習環境や学習課題を提供するための基本ともなる。言うまでもなく、これに合わせた学習目標や学習活動を授業に組み込むことで、生徒のモチベーションを向上させることが可能となる。(7)

誰にでも、エネルギーが出てこないためにやるべきことを先延ばしにしてしまうというときがあるし、もっと努力したり、集中力を高める必要に迫られるときがある。たとえば、あなたも、試験の採点をしなければならないときや家事をしなければならないといったときなどは「先延ばしにしたい」という気分になるのではないだろうか。モチベーションや努力というのは、蛇口をひねったからといって出てくるようなものではない。やる気を出し、ベストを尽くすためには、さまざまな要因がかかわってくるということだ。

学習に対するモチベーションや努力を、簡単に「オン・オフ」が切り替えられるものとして捉えるのではなく、身体のコンディションや習慣といった何らかの結果からもたらされるものとして解釈することで、「挫折ポイント」の考え方が理解しやすくなる。

「挫折ポイント」とは、突然、集中力が切れ、エネルギーがなくなり、継続的に努力をすることができない状況に陥ったときの反応である。「挫折ポイント」を理解することによって、やる気のない生徒やすぐに挫折してしまう生徒をやる気にさせたり、学びに向かわせる可能性を高めることができる。

すぐに挫折してしまう生徒は、困難に直面したとき、それを乗り越えようとするよりも、諦めようとする傾向が強い。彼らは、教師とはまったく異なる考え方をしていて、教師に比べて、よい結果を出すことや成功率に関する自信がかなり低い。つまり、生徒の困難を克服し、やる気を引き出したいときに使う「努力して前に進もう」や「やればできる」といった励ましの言葉は、こうした生徒にとっては悪影響となる場合がある。

彼らは、よく教師が使う「やればできる」という言葉を「欺《あざむ》き」としか捉えていないし、その言葉によってさらに自信をなくしてしまうことになる。もし、マラソンの完走を目指して「やればできる」という励ましの言葉を他人からもらったとき、マラソン経験の少ない選手にはどのように聞こえるだろうか。学習において、挫折しやすい生徒にこのような言葉かけをすることは、マラソンの場合の声かけと同じになる。

蒸し暑い真夏、芝刈りをするためにやる気を奮い立たせることが難しいように、ひっきりなしに流れる空港でのアナウンスが読書の妨げになるのと同じように、間違った動機づけというアプ

（7）これを効果的に行っている教え方が、先に紹介した『ようこそ、一人ひとりをいかす教室へ』において解説されている。

ローチを実践している教師もいる。繰り返すが、生徒のモチベーションは、蛇口から出る水のように、ひねったからといって常に出てくるものではないのだ。

一旦、生徒の「挫折ポイント」を理解することができれば、挫折への対応策を考えることが可能となる。「挫折ポイント」の研究を通じた私たちの学びと、それを通じて考案した、すぐに使える挫折への対応策を読者に提供することが本書の目的である。また、生徒の学習に対する積極性とモチベーションを高める方法を整理し、みなさんには、質の高いモチベーションが維持できる具体例も提供したい。

私たちの最大の目的は、「挫折ポイント」の研究から学んだことをすべての教師がすぐに実践し、目の前にいる生徒の学習に対するモチベーションと努力に大きなプラス面の影響を与えることである。(8)

本書は、すべての生徒の学びをより良いものにし、日々進化し続ける世界で彼らが成長していくために書かれたものである。人間の心理に対する理解は日々アップデートを続けており、私たちが簡単にアクセスできる大量のデータは、学びのような社会的相互作用を分析する機会を与えてくれている。

とはいえ、過去にあった単純な答えが、二一世紀を生きる生徒の複雑なニーズにこたえられるとはかぎらない。生徒が学習している内容や使っている学び方は、「高校、大学、社会に出てから役立つ」という話をしている教師の姿をよく見かけるわけだが、テクノロジーについていえば日々刻々と変化しているためにこの言葉は正しいとは言えない。このような世界で活躍できる生徒を育てなければならないのだ。また、生徒が将来直面しそうな課題や、何が彼らにとって役立つのかを予見することは到底できないということも私たちはふまえておかなければならない。

したがって、教師が設定した目標の達成や、出した課題を終わらせるという学びよりも、学習過程を大切にしながらすべての課題にチャレンジを続けて成長すること、そして挫折しない方法を教える必要がある。

私たちがテクノロジー系学会で発表したとき、科学解説者としても知られているＳＦ作家のアーサー・Ｃ・クラーク（Sir Arthur Charles Clarke, 1917〜2008）の言葉を引用したことがある。私たちにとっては美しくて、忘れることのできない言葉だが、情熱的なほど楽観的と捉える人もいることだろう。

――未来を予測しようというのは、がっかりさせられる、骨折りとも言える時間潰しだ。奇跡

（8）もちろん、教育現場のみならず、上司と部下や先輩と後輩などあらゆる場面でも役に立つ情報である。

的に、ある預言者が未来に何が起こるのか正確に言い表すことができたとしたら、その予言はあまりにも馬鹿げていて、みんなの笑いものになるだろう。未来について唯一確信できることは、未来が絶対に素晴らしいものになるということである。

将来に備えるために生徒に学んでほしいのであれば、今までのような教材、今までと同じ教え方を続けてはいけない。その代わりに、馬鹿らしいことも、素晴らしいことも、何でもすべて受け入れる準備をしておくべきである。まさに、そのような新しい教育の鍵になることが私たちの望みである。

もくじ

挫折ポイント——逆転の発想で「無関心」と「やる気ゼロ」をなくす

Adam Chamberlin and Svetoslav Matejic
QUIT POINT
Understanding Apathy, Engagement, and Motivation in the Classroom

パート1

挫折ポイントを理解する

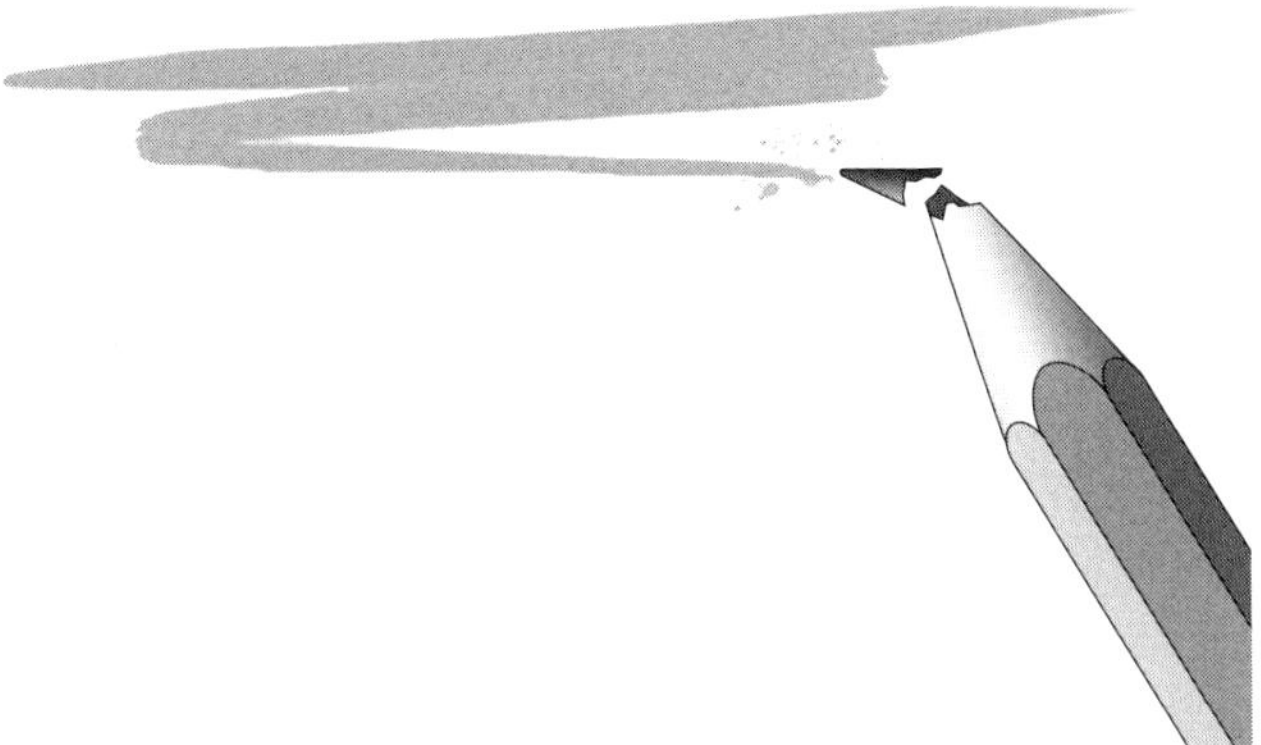

第1章

挫折ポイントとは何か——挫折ポイントは生徒にどのような影響を与えるのか。異なる種類の挫折が表す行動を認識する

成功者だって辞めるときはある。しかし、彼らは、何をいつ辞めたらいいかを知っているものだ。
（セス・ゴーディン［Seth Godin］アメリカの著述家）

私たちは、努力、決断力、グリット(1)を大事にしている。これらは、困難を克服するために欠かせない力であると誰もが思っている。これらの力は、教室、職場、競技における目標達成に必要なもので、その特性は私たちの文化に深く根づいている。

たとえば、アカデミー賞を獲得した映画の多くは、イギリスの作家であるR・R・トールキン（John Ronald Reuel Tolkien, 1892～1973）の『ホビット』（二〇一二年）のように、困難を克服する人々を強調したストーリーを描いている。『タイタニック』（一九九七年）、『ロード・オブ・ザ・リング』（二〇〇一年）、『グラディエーター』（二〇〇〇年）、『英国王のスピーチ』（二〇一

（1）ペンシルベニア大学アンジェラ・ダックワース教授が広めた言葉で、「やり抜く力」を意味する。

〇年）、『それでも夜は明ける』（二〇一三年）といった映画も逆境を乗り越えた人のストーリーを描いており、同じくアカデミー賞を受賞している。そして、映画のストーリーにかぎらず、現実社会においても決断力やレジリエンス（逆境を乗り越える力）に影響を与えている。

逆境を乗り越えて大きな成功を収めたバスケットボール選手のマイケル・ジョーダン（Michael Jeffrey Jordan）、そして発明者のトーマス・エジソン（Thomas Alva Edison, 1847～1931）、彼らのようなチャンピオンやイノベーターを私たちはほめたたえている。しかし、もしジョーダンが、高校の選抜チームから漏れたあとに諦めていたらどうなっていただろうか？　また、エジソンが電球の制作において、一〇〇〇回目の失敗後に諦めていたらどうなっていただろうか？　このようなヒーローたちが、世代を超えて感動を与える前に諦めてしまっていたら、私たちが生きる世界は変わっていたことだろう。

このような話が語り継がれる間に、挫折があたかも悪いことであるように捉えられるようになった。多くの人は、挫折を物語や出来事の終わりの瞬間や、後悔して忘れるべきものであると見なしている。しかし、挫折というものを吟味すると、困難を乗り越えるために重要とされる要素であることが分かる。実際、ジョーダンやエジソンでさえ挫折した瞬間があったということだ。

ジョーダンは、素晴らしい運動能力と強い決意を備えたすぐれたアスリートだった。彼はバスケットボール界において活躍したわけだが、ＮＢＡを引退したあと、野球の大リーグに挑戦している。残念ながら、彼がもっていた高い運動能力と強い決意をもってしても、大リーグの世界では力を発揮することはできなかった。野球を一年半で諦め、NBAの選手として復帰し、所属チームを三回連続となる優勝に導いている。

一方、エジソンは、実現の可能性が高い発明のアイディアには粘り強くかかわったが、電気ペンのようなくだらないアイディアはすぐに諦めていた。しかし、それはそれでよかったと言える。

彼らは、このようにうまくいかなかったことを諦めたからこそ、大きな成功を成し遂げたわけである。もし、諦めていなければ、ジョーダンは数年にわたってマイナーリーグのチームを飛び回り、目立たない野球選手としてスポーツ界を引退していたことだろう。そしてエジソンは、失敗となった自身のセメント会社に多大なエネルギー(2)を費やしていたことだろう。

この二人の偉人のように、挫折したにもかかわらず成功できるのなら、私たちは自分の夢を実現するために挫折(諦め)を経験してもよいということになる。重要なことは、挫折というのは「人生につきものだ」と気づくこと

(2) 諦めはしたが、本人たちは挫折したとは思っていないかもしれない!

教師としての評価を挫折した瞬間に決めつけてほしくないように、生徒に対しても同じく、挫折しているときに評価すべきではない。

である。そして、その挫折は、必ずしも「問題になる」わけではないと認識することが大切である。

言うまでもなく、教師も挫折している。採点しなければならないテストの山を放置したり、問題を起こした生徒の親への連絡を後回しにしたり、授業をビデオ鑑賞ですませたりするときもある。教師としての評価を、このような挫折した瞬間に決めつけてほしくないように、生徒に対しても同じく、挫折しているときに評価すべきではない。ちょっと問題が多い生徒であっても、時にはその生徒が強い決意やグリット（やり抜く力）を示すことがあるのだ。

生徒は頑張っているが、それは「学校で」とはかぎらない

時に生徒は、何かが不公平だと訴えたり、友達が抱える悩みを解決しようとしたりして、授業や課題以外のことにエネルギーを注ぐことがある。また、ある生徒は、親が寝ている間に目をこすりながら頑張ってゲームをしているかもしれない。

人気のゲームが発売された日は、「もう一回だけ」を繰り返して没頭してしまい、翌日、覇気のない集団が教室に現れることになる。なかには、髪型や服装ばかりに気を遣い、そのためだけにエネルギーを費やすという生徒もいる。また、悲しい話だが、教室に入る前に空腹、虐待、憂

鬱、病気、そして弟や妹の世話などを乗り越えて登校してくる生徒は、毎朝、かなりの適応能力を使い果たしてしまっている。

大人である教師とは違って、生徒は異なる形で挫折をしている。彼らが挫折する一つ一つの要素を大人が認識しなければ、生徒に対する理解は生まれない。挫折の要素を認識すれば、生徒が忍耐強く乗り越えようとしている物事が明確になる。そうすれば、文句を言ったり、イライラしたりする代わりに、生徒がもっている力をベースにした授業づくりができるようになる。また、生徒を挫折から守ることもできるし、従来の教育体制ではあまり考慮されてこなかった方法で授業実践ができるようにもなる。

生産的な努力

挫折ポイントとは、ある目標を達成するために費やすエネルギーが弱まり、最小限の努力しかできなかったり、諦めが生じたりする瞬間である。たとえば、皿を洗うとき、幾何学の法則を勉強しているとき、マラソンを走っているときなど、人々が目標を達成しようとする場合には努力を継続する必要がある。

多くの人にとって、こういう場合の努力は、一〇〇パーセントのエネルギーが求められている

図1－1　挫折ポイント

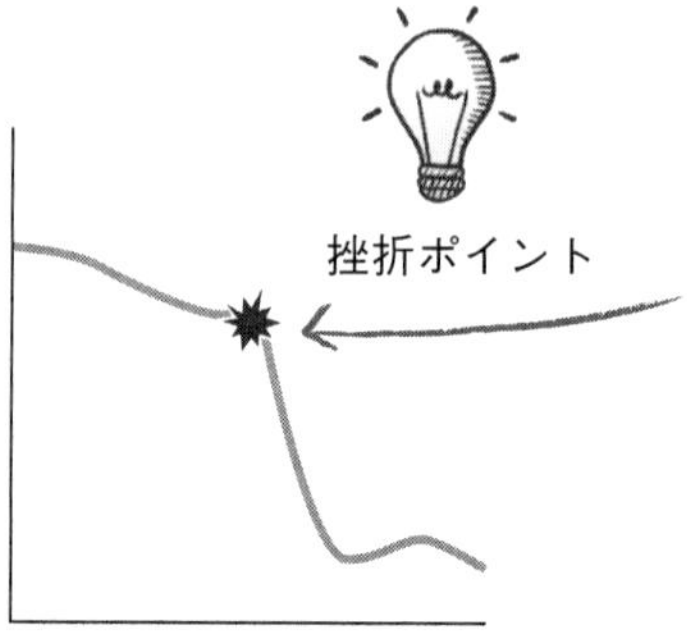

＊誰でも、努力ができなかったり、やる気が弱まったりするポイントに直面する瞬間がある。

ように感じてしまう。そこで、目標を達成するための二つの選択肢――すなわち、さらに努力をしてもっと懸命に取り組むこと、もしくは完全に挫折する（諦める）こと――を与えられた人は、その時点で最大限の努力をしているにもかかわらず、目標を達成することができていないと感じて挫折することになる。

また、時には、たくさんの「タスク」[3]をこなそうとし、集中力や努力をそれぞれのタスクに分散するような人は、簡単にこなせることも諦めてしまう。汚れている一枚の皿を食器洗い機に入れることは簡単だ。しかし、一日の仕事と、そのあとの子どもの世話で疲れがたまっているときには、そのひと手間でさえ辛いものである。

これと同じ理由で、教師が期待している努力を生徒がしないとき、彼らは必ずしも怠けているとは言えない。努力の量は常に変動するものであり、一定に保つことが難しいのだ。また、どんなに努力しても、直面している障壁や困難を乗り越えられないという生徒もいる。それは怠けているのではなく、課題がその生徒の力を超えているだけなのだ。

そのために私たちは、「一生懸命努力する」とか「刻苦《こっく》して学習する」という言葉ではなく、「生産的な努力」という考え方に焦点を当てている。

「生産的な努力」とは、目標の達成に向けて一定量のエネルギーを費やすということである。たとえば、芝刈りをしている人は「生産的な努力」をしているわけだが、ほかの人よりも「刻苦」して芝刈りをしていると考えるのはあまりにも馬鹿げた話である。要するに、目標に向かって一定量のエネルギーを使っている動きのことを、私たちは「生産的な努力」と呼んでいるということだ。

授業で大切なのは、生徒が生産的な努力をしているかどうかを教師が観察し、評価することである。これにより、生徒の挫折ポイントに到達する前後の状況を比較することが可能となる。生徒の挫折ポイントを確実に捉えることができれば、生徒が生産的な努力を行っているのか、諦めを隠そうとしているのか区別することができる。

---

(3)　課題解決とか問題解決と区別するために「タスク」という表記にした。トラブルの意味合いがある「問題」や「課題」というよりは「活動」のニュアンスに近いことが理由である。

挫折する兆候

「先延ばし」、「注意散漫」、「逃避」といった形で人は挫折を表すことになる。挫折した生徒は、学習課題をやりきることの重要性を理解しているかもしれないが、目標を達成するだけの力を出すことはできない。第三代アメリカ大統領トマス・ジェファーソン（Thomas Jefferson, 1743～1826）が述べた「今日やれることを明日に引き延ばすな」という言葉を、小説家マーク・トウェイン（Mark Twain, 1835～1910）がもじって、「同様に、明後日まで延ばせることも明日に延ばしてはいけない」と反応した。

トウェインは、人間の先延ばし癖を軽く冗談で表しただけかもしれない。しかし、実際に挫折した人は「先延ばし」にしたほうが努力するよりも楽なのである。

そして「注意散漫」は、挫折においてもっともよく見られる兆候である。なぜなら、生徒の周りには誘惑がたくさん存在しているからである。

生徒の注意を惹きつける最大のライバル、「それはスマホ」だと思っている教師が多い。スマホのようなテクノロジーを通した娯楽の機会とともに、入手する情報量がますます増えている。かつてのように、授業中、教師にバレないようにして友達にメモをわたす代わりに最近はスマホで友達とやり取りをすることができるので、それが注意散漫につながってくる。しかし、「注意散漫」は「気晴らし」とも言える側面があるので、身体のエネルギーを保つことを考えると理にかなっている反応とも言える。

集中している状態を続けるためには、それに必要とされるエネルギー量があり、それがなければ集中は失われてしまう。多くの教師は、スマホが注意散漫の原因と考え、スマホ自体を非難しているが、それが挫折の直接的な原因ではないことを理解してほしい。もしかすると、スマホをいじる行動そのものが、挫折したという生徒のサインなのかもしれない。

生徒が挫折ポイントに直面したとき、もっとも明らかとなる兆候は「逃避」である。生徒が学習課題を拒否したり、練習をやめたり、もしくは授業で寝たりすると、ある目標を達成することを諦めているということが分かる。その様子にいら立った教師は、「授業で寝るな！」と叱りつけてしまうわけだが、仕事で疲れた大人が流し台にたまったお皿を洗うのが耐え難いように、その生徒にとっては設定された目標を達成することが難しいのかもしれない。

「逃避」を挫折の兆候として認識すると、生徒のそうした態度にいら立つことなく、原因解明に取り組めるようになる。生徒の立場からすると、逃避することは努力を続けることよりも楽なのである。これらの行動を挫折の兆候として教師が認識することで、早めに原因を解明することができる。また、症状ではなく、根底に潜んでいる原因を追い払うことができるようにもなる。

図1－2　挫折ポイントの連なり

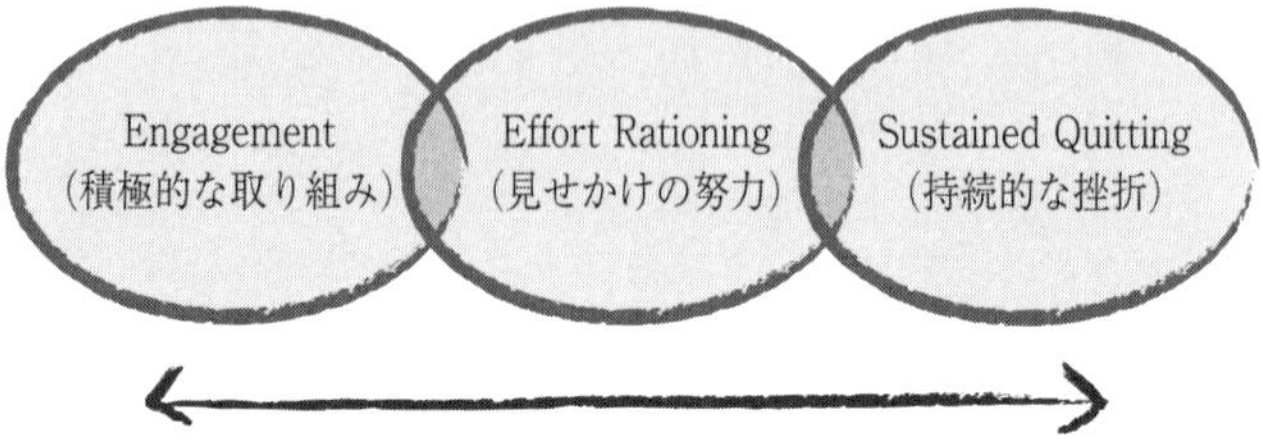

＊挫折はさまざまな形で現れる。学習に対する生徒のやる気や努力を左のほうにシフトさせる支援ができれば、学びの質は高まる。

挫折を繰り返し、それに慣れてしまうと、挫折を乗り越えるためにさまざまな解決策を教師が試みたとしても、その生徒を助ける可能性が徐々に低くなる。

挫折ポイントの連なり

教師が生徒の挫折を認識することができれば、「努力」は「100」か「0」かというように測れるものではなく、連続するもの・変化するものであると理解できるようになる。言うまでもなく、教師は生徒に積極的に取り組んでほしいと思っている。つまり、積極的に授業に参加し、仲間と協力しあい、自らの学びに責任をもって授業に臨むことを期待しているわけである。というのも、積極的に取り組めば学び得るものが増えるからである[4]。

積極的な取り組みをしている生徒から、「先延ばし」、「注意散漫」、「逃避」のような学習を避けようとする様子は見られない。しかし、挫折がはじまる瞬間、生徒は挫折ポイントに近づいていく行動や習慣を見せはじめ、積極的な取り組みから見せかけの努力に移ろうとしてしまう。また、見せかけの努力から一気に持続的な挫折に移るという可能性もある。

図1－2の「挫折ポイントの連なり」では、持続的な挫折は積極的な取り組みの正反対に位置する。この「持続的」というのは、生徒があらゆる学びから逃避しようとするために陥りやすい状況である。生徒によって違うが、その逃げ方は、授業中に眠ったり、混乱を伴う行動を見せたり、活動に参加することを拒んだりすることである。

持続的な挫折というのはもっとも極端な状態で、解決するのが困難な状況である。生徒が持続的な挫折に陥った場合、教師は素早く、生徒が学びに参加しようとしていないことに気づかなければならない。そして、生徒に対しては、積極的な取り組みを求める前に、「見せかけの努力」のほうに意識を向けさせるように支援する必要がある。

（4）まさに、文部科学省が言いだした「主体的・対話的で、深い学び（アクティブ・ラーニング）」である。

「先延ばし」、「注意散漫」、「逃避」のような学習を避けようとする様子は、「積極的に取り組み」をしている生徒には見られない。しかし、何かにつまずき、挫折がはじまる瞬間、生徒は「挫折ポイント」に陥る行動や習慣を見せはじめ、「積極的な取り組み」から「見せかけの努力」に移る。

「見せかけの努力」は、生産的な努力をすることができないと生徒が感じるときに陥る「挫折ポイントの連なり」のほぼ中央に位置している。たとえば、読書中の「見せかけの努力」は拾い読みでしかない。生徒は、読書しているように見せているだけである。先延ばしにしたり、注意散漫になったり、学習から逃避したりすることがこの段階でも起こり得る。生徒の積極的に取り組む気持ちはすでに途切れているのだが、いつもどおりに課題をこなしているように見えるため、教師が見分けるのは難しい状態となる。

従来の授業だと、生産的な努力と「見せかけの努力」が似ているため、区別することが困難であった。もし、教師が「生産的な努力」と「見せかけの努力」を区別できなかったら、生徒の学習成果が低下することにつながる可能性すらある。

しかしながら、「持続的な挫折」の状態にいる生徒にとっては、「見せかけの努力」は前向きな取り組みと捉えることもできる。授業開始のチャイムが鳴ったときからすでに居眠りをしようとしている生徒に、積極的な取り組みを求めるのは無理である。

部分的な参加であるこの中間の状態は、生徒にとっては達成可能な目標ともなる。たとえば、拾い読みをしていても、キーワードや語彙を認識する可能性が高まるので、「見せかけの努力」は積極的な取り組みにつながる架け橋となる。一方、持続的な挫折状態にいる生徒の学習態度や姿勢はリセットすることが難しい。

アスリートが、ウォーミングアップなしで最高のパフォーマンスを発揮することができないのと同じように、「見せかけの努力」は、再び積極的に取り組もうとする前の、主体的な学びにつながっていくウォームアップとして考える必要があるかもしれない。

「見せかけの努力」の重要性を理解すると、生徒を授業に参加させることがより簡単になる。「見せかけの努力」は、積極的な取り組みと持続的な挫折の間に位置する状態なので、比較的簡単に積極的な取り組みの状態に移行することが可能である。とはいえ、「見せかけの努力」の状態から持続的な挫折に陥る可能性ももちろんある。

教室に入るときから、やる気と努力の通常モードを「見せかけの努力」に位置づけることができる生徒もいる。授業がどれほど面白くて、どれほどやりがいがあるのか、もしくはストレスを感じるものなのかを観察しながら、それに応じて努力しなければならないレベルを変えるのだ。興味深い授業であれば関心をもって参加するかもしれないが、学習以外に優先順位の高い関心事が生徒のなかにあれば、簡単に持続的な挫折の状態に移ってしまうことになる。

ただし、生徒が「見せかけの努力」の状態にいるのであれば、持続的な挫折よりも積極的な取り組みの状態に移行しやすいのも事実である。生徒が授業の目標に向けて少なくとも最小限の努力を維持しているため、教師は、持続的な挫折の状態にいるときよりも簡単に集中させたり、取り組ませたりすることができる。

たとえば、読書という課題において拾い読みしている生徒は「積極的に取り組んでいる」とは言えないが、まったく読んでいない生徒に比べれば生産的な努力をしていることになる。居眠りをしている生徒を強制的に積極的な取り組みに移行させるよりは、拾い読みという「見せかけの努力」をしている生徒を積極的な取り組みに移行させるほうがはるかに可能性は高いのだ。

しかし、残念なことに、ほとんどの教師が持続的な挫折の状態にいる生徒には一生懸命指導を行うが、「見せかけの努力」をしている生徒にあった形では指導をしていないため、その状態にいる生徒は質の高い学びを得るという機会を逃している。

同じような傾向は、生徒だけでなく教師にもある。最近あった会議を思い出して、共通の目標に向けて、同僚とどのぐらいかかわれていたのかについて振り返ってみよう。どちらかというと、上司から苦情を言われない程度の参加姿勢であったのではないだろうか。気を悪くしないでほしい。ほとんどの場合、「見せかけの努力」というものは目標達成を妨げるものではない。

取り組み方に対する明確な指標がないからといって、「生産的な努力とは違う」と勘違いをしてはいけない。幸いなことに上司は、会議中に「見せかけの努力」を見抜こうとはしていない。もし、見抜こうとしていたら、それればかりに多くの時間とエネルギーを費やすことになるので会議にならないはずだ。(5)

「挫折ポイントの連なり」に基づいて生徒の思考停止を捉えることができれば、一人ひとりの学びやる気に関する貴重な情報が得られ、生徒がどの状態で取り組んでいるのかについて素早く判断できるようになる。また、生徒が挫折する要素を知ることができれば、効率的に対応することも可能となる。

「挫折ポイント」という考え方は、生徒の可能性を最大限にいかすためのツールである。たとえば、スローラーナー（学ぶスピードの遅い生徒や、テストで低学力というレッテルを貼られた生徒）の取り組み方に関する質を上げることなどもできる。しかし、読者のみなさんは、挫折のリスクが高い生徒に対して教師は何をすべきだろうか、学習に自信がない生徒は目標に向かって努力できるのだろうか、また、難しそうな学習課題に直面すると挫折してしまうのではないだろうか、授業がはじまる前から諦めてしまっている生徒を本当に救えるのだろうか、などといった疑問を抱いていることだろう。

挫折しやすい生徒は、壁を乗り越えようとするのではなく、諦めることが確かに多い。挫折しやすい生徒の学びに対する考え方は、教師とまったく異なっている。そのため、従来のような教師がやる気を引き出すための働きかけは、生徒の自信を高めたり、刺激したりすることにあまり

（5）　会議を含めた学校経営と、授業を含めた教室運営は入れ子状態になっていることを忘れてはいけない！　この次に出てくる生徒の思考停止の問題は、教師が思考停止している状態の結果と言える。

つながらない。「将来成功するために今踏ん張る」や「人は失敗から学ぶものだ」といくら強調しても、その言葉が腑に落ちない生徒にとっては悪影響ともなりかねない。なぜなら、彼らは何かを達成したり、乗り越えたりするよりも、挫折した経験のほうが多いからである。

これまでの人生における成功体験が少ないために、教師が言っていることはどうしても「ごまかし」であるように感じてしまう。彼らは、そう思いたくて思っているわけではないのだが、教師の思いとは裏腹に、自信の喪失につながってしまうのである。

しかし、生徒一人ひとりの挫折ポイントをよく見てみると、生徒のニーズに対して的確にこたえることができる。授業にどれぐらい取り組めているのか（あるいは、いないのか）をより良く理解することができれば、生徒全員をはめ込むような授業を目標とするのではなく、生徒一人ひとりのレベルにあった、理にかなった学習目標を与えることができる(6)。

まとめ

まず認識しなければならないのは、すべての人間が挫折するということである。そして、誰も挫折したい（諦めたい）とは思っていないということも、教師が考えなければならない大切な点である。事実、教師は、自分自身の学校経験と学校生活を挫折することなく（諦めずに）やり抜くことができたからである。

しかし、どういうわけか、諦めることを選んでしまう生徒もいる。なぜなら、彼らにとっては、日々の生活で努力を続けるよりも諦めるほうが楽だからだ。生徒の取り組み方を見て、彼らは成功したくないからそういった行動をとると教師は勘違いしがちだが、生徒は決して「成功したくない」というわけではない。

「見せかけの努力」から持続的な挫折まで、一人ひとり異なった形で挫折する。ほとんどの教師が持続的な挫折には早く気づくが、「見せかけの努力」と「生産的な努力（意義のある努力）」を正確に見分けることができない。

教師中心の授業だと生徒は取り組んでいるように見えるが、多くの生徒は「見せかけの努力」という状態にいる。その位置からだと持続的な挫折の状態に移行しやすいわけだが、積極的な取り組みの状態に移行することも決して難しくはない。だからこそ、生徒の「挫折ポイント」を認識し、授業での取り組み方を変えて挫折を減らすことができれば、一人ひとりの学びの質を高めることが可能となる。

（6）これを可能にする効果的な教え方の一つが、iiiページの訳注で紹介した本に書かれている。

表1－1　教室の雰囲気と文化を評価するルーブリック

教室の雰囲気と文化	
途上	・生徒は、学習課題や授業目標に集中して取り組む前に教師の指示を待っている。 ・生徒は、クラスメイトと協力して学習に取り組むことを躊躇している。 ・生徒は、授業ルールをよく無視している。
発展	・生徒は、授業をどのようにはじめるべきかについて教師に尋ねている。 ・生徒は、教師に促されればクラスメイトと協力している。 ・生徒は、教師に指摘されたとき、授業のルールを守っている。
高度	・生徒は、教室に入るとすぐに学びあいをはじめている。 ・生徒は、いつもクラスメイトと協力しているし、教師とも話し合いをしている。 ・生徒は、授業のルールを自分たちで決定し、そのルールを守り続けている。

表1－2　生徒の学習習慣を評価するルーブリック

学習の習慣	
途上	・生徒は、教師の合図がないかぎり学習をはじめない。 ・生徒は、学習の質ではなく、課題を終わらせさえすればよいと思っている。 ・生徒は、学習を先延ばしにしたり、いっきに終わらせたりする。
発展	・生徒は、学習目標の達成に向けて「生産的な努力」をしている。 ・生徒は、自分の学びを修正したり、改善したりしようとしている。 ・生徒の取り組み方は日によって左右されている。
高度	・生徒は、クラスメイトと協力して学習課題に取り組み、学びの質を向上しようとしている。 ・生徒は、クラスメイトや教師にフィードバックを求め、学習内容を深く理解しようとしている。 ・生徒は、メタ認知を働かせ、自分のニーズや興味関心をふまえて学習目標を達成しようとしている。

表1－3　指導法を評価するルーブリック

指導法	
途上	・教師は、生徒が主体的に学ぶ機会を滅多に与えていない。 ・教師は、自分のシナリオどおりに生徒が学ぶと期待している。 ・教師は、毎回同じような学習課題を生徒にさせている。
発展	・教師は、時には生徒に主体的に学ぶ機会を与えている。 ・教師は、生徒に自立して学習する時間を与えている。 ・教師は、生徒の学びのニーズにあわせて授業課題や評価方法を変えている。
高度	・教師は、頻繁に生徒が主体的に学べる機会を与えている。 ・教師は、生徒のペースにあわせて柔軟に学ぶ機会を与えている。 ・教師は、個々の生徒のニーズにあわせて「一人ひとりをいかす」教え方をし(*)、同僚や生徒のサポートも受けている。

（*）iii ページの注を参照。

表1－4　生徒の取り組み方を評価するルーブリック

取り組み方	
途上	・生徒は、成績に影響するかどうかで学習課題の重要度を判断している。 ・生徒は、否定的な結果を避けるためにのみ課題に取り組んでいる。 ・生徒は、勉強以外の遊びや趣味に集中するために課題を早く終わらせようとしている。
進歩	・生徒は、授業と教師の高い期待に基づき、自分の学びを評価している。 ・生徒は、質の高い学びを行えば認められると理解している。 ・生徒は、自分の個人的な興味関心や目標が授業目標や評価に関連していると理解している。
高度	・生徒は、授業と教師の高い期待および自分で決めている目標とをあわせて、学びを評価している。 ・生徒は、自分の学びがクラスメイトや教師に尊重されていると感じている。 ・生徒は、自分やクラスメイトが決めた学習目標を達成したり、互いに助けあったりする際、授業外でも学習に取り組んでいる。

第2章

挫折ポイントに陥る要因——挫折に影響を与えるきっかけと障壁

とにかく、何かをやりなさい。その何かがうまくいったら、それをさらに追究せよ。うまくいかなければ、違うことをやりなさい。（フランクリン・D・ルーズベルト［Franklin Delano Roosevelt, 1882～1945］第三二代アメリカ大統領）

これまで、「挫折ポイント」とは何か、そして、「挫折ポイント」が教師にとって何の役に立つのかについて述べてきた。次は、生徒がなぜ「挫折ポイント」に陥るのか、そして、どのように挫折しはじめるのかについて理解する必要がある。

私たちは、生徒の挫折に影響を与える二つの概念を見いだした。一つは、学習に対する努力を散漫にする「障壁」であり、二つ目は、生徒のエネルギーを学習に向かわせる「きっかけ」である。授業における「障壁」は、生徒を積極的な取り組みから「挫折ポイント」の位置にまで追い込む原因となり、「きっかけ」は生徒を積極的な取り組みの状態に導く理由となる。

まず頭に入れてほしいのが、この「障壁」と「きっかけ」になるものは日々の授業においてさまざまな形で現れており、変化しているということである。要因のなかには、就学前に確立されており、家庭環境における体験によるものがある一方で、注目を集めたいというような、大して問題にならないこともある。

しかし、問題となるのは薬物乱用を行っている家庭の場合だ。そのような家庭では、生徒の精神的、身体的な安全に大きな影響を及ぼす場合がある。このようなストレスを長期間にわたって抱えている生徒は、健全な家庭から来ている生徒よりも基本的なニーズや情緒安定のために多くのエネルギーを費やしていることが考えられる。そのため、学習が遅れる可能性が高くなる。

このような環境で育った生徒だからといって、何ら落ち度があるわけではない。それなのに、積極的な取り組みの「きっかけ」を多くもった生徒に比べると、学習に向けた生産的な努力を続けることが難しくなってしまう。

それに対して、健全なサポート体制のある生徒は、逆境に立ち向かう力と情緒面における安定性がある。そのため、日常的な困難に直面しても乗り越えられる可能性が高く、挫折する傾向が少なくなる。また、よい生活環境にいる生徒は、家で基本的なニーズを満たしているために学校でエネルギーを使うことがよりスムーズな状態となる。よって、①楽観的な思考、②課題の価値（学びに対する価値・学習課題に取り組む価値）、および③レジリエンス（逆境を乗り越える力）を長期的に育むことができるので挫折しにくくなる。

それに対して、家庭において問題を抱えている生徒は、逆境に直面すると挫折する可能性が高くなる。こうした要因を理解することは、生徒の「挫折ポイント」を理解するうえにおいて必要不可欠となる。

①長期的に抱えている問題であればあるほど、素早く解決することが難しくなる。そのため、生徒が問題をどのぐらいの期間抱えているのかについて把握することが重要となると同時に、教師は生徒の努力ややる気に影響を与える。②短期的な要因についても理解する必要が出てくる。短期的な要因は予期せずに現れるわけだが、生徒の挫折に強い影響を与える可能性が高いということをふまえるべきである。

たとえば、登校中に友達とケンカをしたとしたら、その日、その生徒は学校で挫折する可能性が高くなる。バスに乗っている間のケンカなど、何らかの原因でそのいら立ちは教室に入ってからも継続され、生産的な努力を維持する力が低下することになる。逆に、楽しみにしている校外学習があれば、生徒の積極的な取り組みの「きっかけ」となる可能性がある。それは一時的なものにすぎないが、校外学習に関連しない課題などに対するやる気や努力にプラスの影響を与える可能性が高くなるだろう。

短期的な「障壁」であっても、長期的な「障壁」であっても、それを乗り

生徒が困難に直面したときや難しいと思っている課題を与えられたとき、楽観的な見通しがもてる生徒は粘り強く続けることができるが、悲観的な見方をしている生徒は挫折する可能性が高い。

越えるために楽観主義は重要な要因とされている。目標を達成する能力やスキルをもっている生徒でさえ、楽観性を低下させる課題に直面したら挫折する可能性が高まるのだ。言い換えれば、生徒が困難に直面したときや難しいと思っている課題を与えられたとき、楽観的な見通しがもてる生徒は粘り強く続けることができるが、悲観的な見方をしている生徒は挫折する可能性が高いということだ。

さらに言えば、挫折することが習慣になってしまっている生徒がいつもより楽観的な一日を過ごした場合は、優秀な生徒よりすぐれた結果を残すこともありえる。

また、とりあえず見せかけの努力をして課題は終わらせさえすればよいと楽観的に考えている生徒にかぎって、その楽観性のおかげで目標を達成することができる場合もある。逆に、いつも到達度の高い生徒は、終わらせることだけではなく、課題の質にもこだわって抱え込みすぎることから楽観性が低くなる可能性がある。

皮肉に聞こえるかもしれないが、優等生は低い成績をとりそうになったら、ほかの生徒よりも先に学ぶことをやめるかもしれない。予想する結果が自分の期待している成功のイメージにあわないなら、彼らは達成感とやる気を失ってしまうということだ。一方、いつも成績が低くてテストで赤点を取るような生徒は、点数が低くてもギリギリ合格する自信さえもてれば非常に楽観的な状態になる場合がある。

図2−1　挫折の方程式（挫折する要因の関係）

$$\text{やる気・努力} = \frac{\text{楽観主義} \times \text{課題の価値} \times \text{レジリエンス}}{\text{長期的な障壁} \times \text{短期的な障壁}}$$

（＊）分子の積を増加させ、分母の積を減少させることで、生徒のやる気や努力を高めることができる。

このように、楽観主義という要因がどのように生徒の努力を促進したり、やる気を高めたりするのかについて理解することで教師は、生徒の「挫折ポイント」に影響する要因をより把握することができるし、生徒が挫折しないように学習支援を行うこともできる。

本章では、生徒の「挫折ポイント」に影響を与える要因（楽観主義、課題の価値、レジリエンス、短期的・長期的な障壁）を分析していきたい。

図2−1の「挫折の方程式」は、示された結果を表すものではなく、やる気や努力に影響する要因を視覚的に示したものである。分子となっている要因は、生徒のやる気や努力によい影響を与えるものであり、挫折の可能性を減らす働きがある。たとえば、生徒が課題を達成できると楽観的に思っていればいるほど挫折は回避しやすくなる。

逆に、分母に示していることは、やる気や努力にマイナスの影響を与えるものである。友達とケンカした生徒が「短期的な障壁」のせいで学習が捗《はかど》らないように、挫折する可能性を高くしてしまう。

この方程式では、教師がコントロールできる要因もあれば、生徒の個性や生活環境といった、教師がコントロールできない要因もある。たとえば、両親が離婚しようとしている生徒がいる場合、教師が学習の環境づくりに力を入れたり、生徒に期待をかけたりしてもあまりやる気や努力に影響を与えることはないだろう。しかし、教師が状況にあわせて生徒と接し、できるだけ要因を考慮すれば、生徒が直面している教室での課題に対しては影響を与えることができる。

教師が一人ですべての要因に対処するのは難しい。そのため、教師が対処できる要因に焦点を絞って**図２－１**の方程式を利用してほしい。

楽観主義

教師が直接的に影響を与えられる一つの要因は、生徒の楽観性である。生徒の楽観性を認識するために私たちは、授業の開始時や課題に取り組みはじめた瞬間に焦点を当て、生徒の学びに対する認識を観察している。最初の数分間や課題に取り組みはじめた数分間で、残りの授業やその課題に対する自信の度合いが決まる。

楽観主義を悲観主義の反対用語として捉えている教師が多いため、グリット（やり抜く力）やレジリエンスといった、楽観主義ではないほかの要因に注目してしまうことがある。つまり、生徒がプラス思考かマイナス思考をもっているのか、ひいては水が半分入ったグラスを見て、「半分も残っている」と捉えるのか「半分しか残っていない」と捉えるかの違いと考える教師が多いということだ。しかし、これから述べる楽観主義に関する研究結果から示唆される「楽観性」を高めることができれば、「挫折ポイント」は回避できることが分かる。

アメリカ人心理学者マーティン・セリグマン（Martin E. P. Seligman）博士は、一連の研究を通して「学習性無力感」という学説を確立した。

そのはじまりは、犬に電気ショックを流すという実験だった。その実験では、レバーを押せば電気ショックが止まると教えられた犬と、そのように教えられなかった犬という二つのグループを比較した。その後、学習しなかった犬と学習した犬を同じゲージに入れ、電気ショックを流した。学習していなかった犬は自分で止めようとしなかった。この犬は挫折し、電気ショックは避けられないものと思い込み、痛みを受け続けることになった。

実験はここで終わらなかった。次に、低い仕切りで分けられた箱に犬を入れ、片側のみに電気を流した。仕切りを飛び越えれば電気ショックから逃れられるわけだが、電気ショックから逃げられないと学習してしまった犬はそのような行動を取らなかった。自分が置かれている状況をコントロールする力がないとその犬は学習してしまい、挫折してしまったのだ。

私たちは挫折について調べている過程でセリグマン博士の研究に出合い、教室で見てきたものと比較した。毎年、単位の取得が学年末のテスト次第という生徒たちに出会っているが、私たちはそのことをそれほど大きな問題として認識していなかった。

生徒は、ちゃんと復習したり、試験勉強に集中すれば単位を取得し、卒業できると思っていたため、私たちは「過去の失敗を忘れ、試験に合格することに集中するように」と生徒を励ましてきた。もちろん、この励ましを信じて一生懸命勉強して単位を取ろうとする生徒もいたが、残念ながら挫折してしまった生徒がいた。生徒が挫折した理由は明白だったが、私たちはその理由の根本的な原因を明らかにしていなかった。

挫折することに慣れてしまった生徒に起きる現象は、セリグマン博士の実験で見たものと同じだった。自分の成績をどうすることもできないと感じている生徒はやはり挫折しやすいのだ。この習慣がついている生徒は学習に対して楽観的ではないので、質の低い学びやよくない成績を受け入れてしまうことになる。

このような生徒は、特別な努力をすることなく、復習するだけでよい成績が取れるはずなのだが、それでやる気が出るというわけではない。電気ショックを受け入れるしかないと学習した犬が、機会をうかがって、うまくやった犬の行動を見てもやる気が起きなかった場合と同じである。そのため、教師が楽観的にいつもどおり試験対策を教えたとしても生徒は試験勉強をしないのだ。結局、教師にもイライラが募り、お互いが負のスパイラルに陥ってしまうことになる。

教師の考え方とは違って、生徒は一生懸命勉強すればいくつかの困難を乗り越えられるとは思っていない。自らの経験から、教室での努力が成功につながると信じている教師が多いわけだが、教師の期待に沿わない「落ちこぼれ」というリスクのある生徒は自身の努力の結果に失望しやすいのだ。

楽観性が低ければ、あまり努力を要さない簡単な課題を与えられても生徒は自信をなくし、心細く感じるようになる。このような生徒にとっては、教師の「やればできる」という言葉はまったく意味のないものになる。セリグマン博士は、この矛盾に対処する瞬間的な無力さを「腹に食らったパンチ」と呼んでいる。

さらに、楽観主義の研究では、一人ひとりが置かれた状況にどのように反応するのかによってそのレベルが決まると示唆している。影響を与えるのは次の三点である。

・永続性（Permanence）
・普遍性（Pervasiveness）
・個別性（Personalization）

「永続性」は、人が特定の障壁に直面した際、それが一時的なものなのか、長く続くものなのかという捉え方を指している。生徒が困難に直面したときや難しい課題を与えられたとき、それを永続的なもの（たとえば、私は算数・数学が得意でない）と見なすのか、その場・そのときにとどまるもの（たとえば、今、私は分数に苦戦している）と見なすのかを見分ける必要がある。教師が、その状況を一時的なものであると強調すれば生徒の楽観性が高まることになる。算数・数学が不得意ではなく、分数につまずいているだけだと捉える生徒は、算数・数学の授業で挫折する可能性は少ない。

このように支援すると、前向きな思考が強化され、楽観主義の意識を構築することができる。たとえば、協働学習を好む生徒には、個別学習の課題だけではなく、協働して課題に取り組めるものを提供することでその生徒の楽観性が高まるということだ。

二番目の「普遍性」とは、ある時点で起こった特定の障壁が、その人の日常生活におけるほかの場面にも影響を及ぼすと考えるのかどうかを指している。困難に直面したときや難しい課題を与えられたとき、それを生活のほかの部分に影響しないように防げる人もいる。このような人は、通勤ラッシュの渋滞による遅れによってストレスを感じても、その後の仕事などに影響が及ばないようすることができる。逆に、通勤ラッシュの渋滞からたまるストレスを、その後のすべての出来事に影響させてしまう人もいる。

抱えている事情がほかの出来事にどれほど影響を与えるのかによって、人々はその日の楽観性を変化させることになる。たとえば、生徒が教師とうまくいかないとき、「○○先生は私を目の敵にしている」と見なすのか、「どこの学校の先生も、何かにつけて私のせいにする」と捉えてしまうのかによって大きな違いが出てくる。

教師は、生徒が直面している困難の特徴に注目させることや難しい課題を細分化することによって生徒の楽観性を高めることができる。また、このような状況を封じ込めることができれば、生徒を挫折に導きそうな考えから生じる影響を軽減することもできる。

たとえば、楽観的で、達成可能と思われる短期的な目標を教師が与えることで生徒の挫折を減らすことができる。言い換えれば、楽観的で達成可能な目標を教師が与えれば、ほかの生活面にもよい影響を与えるということだ（ほかの課題も、挫折せず取り組むことができる）。

最後の「個別性」とは、ある障壁について、習慣的にどの程度自分でコントロールできるのかを指している。成功や目標を達成するには自分の言動が大きく影響していると考えている人は、日常生活で起きる出来事は自らの行動の結果であると解釈している。つまり、生じた結果は自らの行動が理由であると納得しているということである。

反対に、日常において起こる出来事は他人の行動が原因であると捉えている人もいる。たとえば、生徒がよい点数を取れたとき、課題に対して自分が努力したからだと考える生徒もおれば、教師が簡単な課題を出したからだと捉える生徒がいるということだ。

自らが学習成果を左右していると感じられない生徒は挫折しやすい。試験勉強を例に挙げていうと、テスト前に勉強しない生徒は、自分の行動よりも作問する教師が結果をコントロールしていると思い込んでいる。同じように、点数を取れた理由が、単にラッキーだったとか、ほかの誰かのおかげであると解釈していたら勉強を続けることはないだろう。

それに対して、自分の努力がよい結果をもたらしたと理由づけられる生徒は、学習の成果は自分がコントロールしていると感じることができるので、難易度の高い学習に対しても期待するようになる。

生徒の楽観性について説明をしてきたわけだが、それにもっとも大きな影響を与えるのは、教師がつくる学習環境である。生徒が楽観的になり、短期間で達成が可能と思える学習目標を与えれば生徒の挫折を減らすことが可能になる。これを目標とする課題を与えれば、失敗は一時的なものであり、結果は常に自分自身がコントロールしているということについても学ぶ機会が生まれる。そして、もし頻繁に成功体験があれば、よくない結果を永続的・普遍的なものだとは思わなくなる。

このように、短期的な楽観性を高めることによって、成功するかしないかに関しては自分でコントロールができると徐々に気づくようになる。予定どおりに最高の成績を取ることや、いい学

表2－2　成功に対する定義と対応

項目	生徒A	生徒B
成功をどのように定義しているのか	小学校以来「才能がある生徒」と呼ばれている。親しい友達もみな成績優秀のクラスにいる。両親は5段階評価で5か4以外は許さない。 したがって「成功」とは、高い成績を取ることであると定義している。	小学校以来、優秀な生徒として過ごしてきたが、学校の成績に関する保護者からの期待は「最善を尽くす」ことや「一生懸命努力する」ことに尽きる。 なお、高い成績を目指しているが、努力することが重要であると思っている。
逆境に直面したときにどのように対応するのか	逆境に直面したとき、自分の成績を同じ学年のほかの生徒と比較することによって自分を評価する。 難しい概念の理解や新しいスキルを身につけるために苦労すると「才能がある生徒」というレッテルが自分のアイデンティティーになるため、楽観主義ではいられない。 というのは、才能があればそれほど努力する必要はないと思っているし、学校で苦労すると、クラスメイトよりも努力するのではなく、諦めることを選択する可能性が高い。	逆境に直面したとき、逆境を永続的なものとして認識する傾向はない。 結果が5段階評価の5か4になりそうな場合、見せかけの努力をするときもあるが、成績は直接成功に結びついているという認識がないため、学ぶために努力をする可能性が高い。

（*）生徒が成功をどのように定義しているのかについては、ある状況にどのように反応するのかに現れる。たとえば、絶対的な評価ではなく、学びと成長の観点から成功を考えると、異なった方法で対処することができる。

（**）生徒Aは固定マインドセット、生徒Bは成長マインドセットのもち主である。本書の70～80ページおよび『オープニングマインド』を参照。

校に入学するといったような目標を達成するためには、やはりかなり多くの努力が必要になる。したがって、まずはコツコツと楽観性を高める短期的な活動を取り入れ、生徒の成功というものに関する定義を個別化するといいだろう。

課題の価値

「挫折ポイント」における次の要因は「課題の価値」である。簡単に言えば、生徒は価値があると見なした課題に対しては、挫折する（諦める）よりも生産的な努力をする。逆に、課題の価値が低ければ低いほど挫折する可能性が高くなる。

たとえば、転んで頭を打った幼児を助けるといった重要な事態を見たとき、人はどんなに疲れていても、その状況に立ち向かうために多大なエネルギーを使うだろう。逆に、あまり価値を感じない、多くの教師にとっては義務にすぎない職員会議にエネルギーを費やすことはない。「課題の価値」が低い結果、会議に集中せず、参加姿勢は見せかけの努力にとどまってしまい、試験の採点などといったほかの仕事をしはじめてしまう。この事実をふまえて、私たちはより価値のある課題を生徒に与え、挫折するリスクを最小限にとどめるようにしなければならない。

楽観主義と同じように、「課題の価値」は一人ひとり異なっている。生徒は、授業、教科、学校全体に対して何らかの価値を見いだしている。その価値は楽観主義と同じように固定されたものではないが、「課題の価値」は意外と早く変化するということを忘れてはならない。

一例だが、代理の教師や非常勤の教師がいる授業では生徒の努力の度合いは変化する。代理の教師に対する言動は、普段の教師がいるときのものとは違ってくる。このような違いが起きる理由は、代理の教師から与えられる課題はただの「暇つぶし」に分類されることが多いからだ。

代理の教師を活用することで時間を埋めることはできるが、必ずしも設定された学習目標を達成することにはつながらない。当然ながら、生徒はこの作業を通常の課題よりも低く評価する傾向があり、今までの学習内容や学習目標とは「関係がない（薄い）」と考えてしまうのだ。このように、生徒が価値の低いものとして設定する課題は、生徒が挫折する可能性を高くすることになってしまうので注意が必要である。

「課題の価値」は、予期しない状況において変化する場合もある。生徒は一日を通して、大人と同じく瞬間的に物事の重要性を評価している。たとえば、流し台が洗い物でいっぱいであったとしても、予期せぬ家族の緊急事態が発生すればお皿を洗わなければならないとは思わない。

妊娠中の妻に陣痛がはじまったとき、もし夫が「皿を片づけるまで待ってくれ」と言ったらおかしな話である。教室でも同じで、予期せぬ状況が発生した場合、一時的に「課題の価値」が下がって学びが中断されることもある。このような状況は、学校現場だけでなくさまざまな場所において起こっている。

教師は、短期的な障壁が「課題の価値」に与える影響と、その価値がどれくらいのスピードで生徒を挫折ポイントまで追いつめることになるのかについて認識しなければならない。絶え間なく人々がつながっている現代社会では、ソーシャルメディアに突然入ってくる通知によって「課題の価値」が急に変化し、生徒の学びを妨げることがあり得る。その瞬間、どのような学習活動でも、残念ながらその重要性は下がることになる。

ソーシャルメディアのニュースなどは、生徒の「課題の価値」を変え、積極的な取り組みをしている生徒を「見せかけの努力」または「持続的な挫折」の位置に移行させてしまう可能性が高い。通常、熱心に取り組んでいる生徒でさえ、自分にとってより重要な情報が入れば、瞬間的に課題を犠牲にする可能性があるのだ。

生活面においてだが、長期にわたって負の価値観に浸ってきたという生徒の家庭環境も「課題の価値」に影響を与える。学校外の日常生活と学習内容の関連を見いだせない場合、生徒は学ぶことをやめる可能性が高くなる。さらに、学位を取ることに対する恩恵を知る機会がない生徒や、高卒以上の学歴をもつ親戚がいない生徒は、卒業するために与えられた課題に対して高い評価を与えることはない。これらは長期的な要因であり、生徒が日々の課題を達成することで生みだされる価値に気づくことを困難にしている。

「何に役立つ？」とか「いつ使うの？」というような昔ながらの疑問も、生徒の「課題の価値」に大きな影響を及ぼしている。生徒から発せられるこのような疑問は、挫折が差し迫っている警告である。

もし、教師がその質問に陳腐な回答をすると、その生徒は「課題の価値」が低いと思うようになり、挫折する可能性が高まることになる。一方、適切な回答をする教師であれば、長期的な障壁を認識し、課題を達成することの重要性について生徒に伝えることができる。

苦労して長期にわたる学びを学校で行うわけだが、必ずしも全員の生徒が卒業できるかどうかについて悲観的に考えているわけではない。なぜなら、卒業後の生活について明確な目標をもっていない生徒がいるからである。大学に行く生徒もいれば、就職する生徒もいる。なかには、卒業後、この先どうするのかを決めるまで家で過ごすという生徒もいる。

私たち教師は、生徒が教室に足を踏み入れた瞬間から進学先や将来のキャリアについて明確に考えていると期待してはならない。幼稚園のときには「消防士になりたい」と言っていた子どもが、中学生のときは医者を志すようになり、高校生になったら銀行員を目指すというように夢は変わっていくのだ。変わるからこそ、授業と将来をつなぐことに関して、教師が強調しすぎないように注意をしなければならない。

もし、学習活動が将来の生活につながっており、それこそが唯一の価値であると教師が捉えているのであれば、生徒は自分の夢とは関係のない授業内容に耳を傾けることはまったくしなくなるだろう。

「課題の価値」のよいところは、教師が積極的に影響を与えられる点である。生徒のやる気を高めるための有効な手段は、生徒の価値観を反映する形で学びを調整することである。この実践方法は、テストの点数や将来につながる学びの価値を高めるといったような、教師が決めつけている価値とは正反対のものである。

教師は成績や点数による評価や将来に役立つことを中心にして価値を与えるのではなく、生徒自身の価値観と学びに対するやる気に着目すべきである。たとえば、競争を楽しむような生徒であれば、大統領選挙に関する学習内容の重要性をより高いと感じるであろう。このように生徒の価値観に着目すれば、「課題の価値」を高め、挫折のリスクを下げることになる。

モチベーション（やる気や学習動機）の研究で有名なサンディエゴ大学のスーザン・ファウラー（Susan Fowler）教授の調査も、この方法を支持している。ファウラー教授の研究論文を読むと、多くの人が認識しているやる気の欠如という状態は、やる気を高めようとする人（教師など）のイメージ状態と相手側（生徒など）のイメージ状態が異なっているだけにすぎないことが分かる。

ほとんどの教師は、やる気のない生徒に対して生産的な努力をさせるような動機づけを促そうとしている。その際に問題となるのは、「やる気がない」ということだけではない。生徒の興味が学習内容ではない場所を向いている、つまり生徒のやる気が教師の価値観とあっていないということだ。ファウラー教授が提唱している生徒のやる気を高める方法は、教師に対してではなく、生徒の価値観を反映した課題を与えることである。

楽観主義を育てることに「個別性」が役立ったように、それは生徒が「課題に価値」を見いだすのにも役立つ。一方、教師は、成績を強調することで「課題の価値」を高めることはできないと理解しなければならない。

たしかに、生徒は成績を気にするものだが、学校の中心にあるべきものは「学び」、そして「将来のための基盤づくり」である。生徒のやる気を高めようと目の前に成績をぶら下げるよりは、生徒一人ひとりとの対話を通して，それぞれがやる気になる方法を把握し、それを利用した課題の設定こそが「課題の価値」を高めるときの強力な手段となる。

レジリエンス

さまざまな障壁から立ち直ろうとしたり、乗り越えようとしたりする力を生徒が見せる理由を理解することが、先に挙げた「挫折の方程式」（二八ページ）の分子における三つ目の要因となる。

この要因について議論する際には、挫折から立ち直り、生産的な努力をする生徒の特徴をイメージしてほしい。

その特徴は、「粘り強さ」もしくは「グリット（やり抜く力）」という言葉で表現できるかもしれない。これは、課題の価値や楽観主義には関係なく、文字どおり粘り強く課題に取り組むことを表している。この特徴が「挫折の方程式」の分子にある理由は、レジリエンスを育成することによって生徒はより努力をするようになるし、レジリエンスがあれば挫折する可能性が低くなるからだ。

レジリエンスは予想外の場面で現れ、挫折に対しては驚くほどの抵抗力になる。私たちが初めてグーグル社の「クロームブック」で授業をしたとき、ネットワークにアクセスできないというトラブルが起こった。このトラブルが起きてすぐにパソコンをやめた生徒もいたし、ログインできなかった生徒の多くが諦めかけた。本音を言うならば、その技術的なトラブルが起きた瞬間、私たちも動物のアルマジロのように丸まって逃避したい気持ちでいっぱいであった。

しかし、数名の生徒が、私たちが考えもしなかった方法でこのトラブルに向きあった。彼らは、教師が終わりを告げるまで、解決策を見つけようと取り組み続けたのだ。この数名の生徒は、決してほかの生徒たちよりもパソコン技術に長《た》けていたというわけではない。単に、諦めたいという気持ちに打ち勝つだけの粘り強さをもっていただけである。

では、粘り強さを身につけていない生徒は、どのようにしたらレジリエンスを養うことができるのだろうか。実は、教室外での要因が生徒のレジリエンスに大きな影響を与えている。

生徒の粘り強さを伸ばす一つの要因として、家族や家庭生活がある。前向きな姿を見せてくれる大人が近くにいるだろうか？　家族は、心休まる、いつでも助けてくれる存在だろうか？　それとも、克服しないといけない余計な悩みの種でしかないのだろうか？

親身にかかわってくれて、高いコミュニケーション能力と問題解決能力をもった信頼できる大人が近くにいるということは、生徒がレジリエンスを身につけるうえにおいて重要な役割を担うことになる。生徒にもっとも近いところにいる人々が挫折を乗り越えるといった姿は、困難な状況をいかに切り抜けたらいいのかについて教えてくれることになる。このような家庭環境が、障壁を乗り越える糸口となる。

逆に、家族や近くにいる大人がこのような環境を与えない場合は、生徒がレジリエンスを身につけることが難しくなる。周りにいる一人ひとりがもっている要因も、生徒のレジリエンスに影響を与えているということだ。

楽器の演奏法を学んだり、スポーツをしたりすることは、かなりの粘り強さや忍耐力を必要とする。なかには、勉学よりも音楽やスポーツの追究に情熱を傾けている生徒もいることだろう。その情熱こそが、難易度が高い課題から生じる、避けられない困難を乗り越える要因となっている。そして、それによる挫折に繰り返し向きあうことから、困難を乗り越えるという経験が得られることになる。

困難を乗り越える力は小さな成功の積み重ねにおいて強くなるものであり、生徒によっては、この積み重ねによるレジリエンスを教室内で発揮し、挫折に対するさらなる抵抗力を見せることもある。とはいえ、熱中することや趣味を追究することだけが、レジリエンスを身につける唯一の方法ではない。あるケースでは、知能や身体障がいがあるといった深刻な困難を抱えている人が、ほかの人であれば制限されるような克服法を学び、課せられたことをやり抜き、成功するといった姿を見せている。

たとえば、ディスレクシア（難読症）という、幼いころから学習に大きな困難を抱えている人がたくさんいるわけだが、世界を見わたすと、このような教育上の障がいを克服している人たちがいる。ほんのひと握りかもしれないが、成功者のなかには、音楽業界のヴァージン・レコードとヴァージン航空の設立者であるリチャード・ブランソン（Sir Richard Charles Nicholas Branson）やハリウッド映画のプロデューサーであるブライアン・グレイザー（Brian Grazer）がおり、この障がいを乗り越えてやり抜くだけの方法を生みだしている。挫折に耐えうる確固としたレジリエンスが物事を成功へと導くのである。

どの生徒が強いレジリエンスをもっているのかについて把握することができれば、教師はもっとも支援を必要としている、挫折しそうな生徒に対して優先的に力を入れることができる。また、もっともレジリエンスのある生徒をクラスの手本として、挫折してしまいそうな生徒の楽観性や課題の価値を高めるといった支援をすることもできる。このように個別化された支援と、挫折に対抗する積極的な働きかけによって、より多くの生徒の学びを最大限に引き上げることができるのだ。

短期的な障壁

「挫折の方程式」（二八ページ）の分母を見てみると、挫折の可能性を高める障壁の種類が示されていることが分かる。「短期的な障壁」は、教室内だけではなく学校外でも存在している。日々の栄養摂取や睡眠不足、薬物の使用、友達とのいざこざ、大人との険悪な関係性、そして低い自尊心などがそれに含まれる。

それらは、単体では必ずしも挫折の原因にはならないが、挫折ポイントに近づきやすい要因ではある。それらを乗り越えるためには、やはり人一倍の努力が必要となる。たとえば、朝食にキャンディしか食べていないために栄養不足を引き起こし、腹痛に悩まされているといった生徒は、健全な生活をしている生徒に比べると、課題を終わらせるためにより一層の努力をして取り組む必要が出てくる。このような障壁も挫折につながる要因となる。

日々の栄養摂取、睡眠不足、薬物の使用という障壁は、心理学者アブラハム・マズロー（Abraham Harold Maslow, 1908～1970）が唱えた「欲求五段階説」におけるもっとも基本的な欲求にあたる。

マズローの研究によれば、質の高い学びは心理面と安全面の欲求が満たされないかぎり実現できないとなっている。よって、空腹感や疲労感、薬物の影響などに悩まされている場合は学びに集中することが難しくなる。このような状況では、学びの優先順位が低くなるので、まずは基本的な欲求を満たす必要が出てくる。そうしなければ挫折の危険性が高まるのだ。

次に、友達とのいざこざ、大人との険悪な関係、そして低い自尊心は、「マズローの欲求五段階説」の「社会的欲求（所属欲求）」と「承認欲求（尊厳欲求）」の中間に位置する。もし、友達や大人との関係が険悪な状態ならば、所属欲求が脅かされて挫折しやすくなる。同様に、自己肯定感が低い生徒は、自尊心の高い生徒に比べると挫折（諦め）しやすい傾向がある。頑張ってはいるが、失敗して馬鹿にされるのを避けるために初めから勉強しないという自尊心の低い生徒は、尊厳欲求が満たされていないということである。

ストレスとなる原因を教師が分かってくれていない、と生徒が思っている場合、「短期的な障壁」に対する教師による介入は逆に挫折の可能性を高めることになる。

問題行動と言われるものが、欲求を満たすための行動であることを知らない教師が少なくない。「先延ばし」、「注意散漫」、そして「逃避」についてはすぐに認識することができるが、それに至るまでの行動要因が明確になっていない。安心安全を感じられない生徒と問題行動のある生徒に対して同じ対処をしてしまったら、その教師は、両方の生徒の幸せ（健康）には興味がない人であると思われてしまう。その結果、生徒と教師の関係性が希薄になり、生徒が挫折するという可能性が高まることになる。

スマホの扱い方を例にとってみよう。もし、生徒が単にスマホで遊んでいたり、SNSを見ていたりしているのであれば、スマホを没収することで授業に集中することができるだろう。しかし、家族の状況に関する連絡や、恋人からの別れのメッセージ、もしくは友達から助けを求めるメールが届いていたとしたらどうだろうか。そんな状況にいる生徒の行動を「問題である」と判断してしまったら、教師は生徒から反感を買うことになるだろう。

私たちは、大人のように成熟した対応を生徒に求めるわけだが、実際のところそれはかなり難しい。子どもの年齢や発達段階を考慮すると、困難とうまく付き合う能力が未発達な部分があるということだ。

教師が生徒の欲求を認識しているだけでも、「短期的な障壁」に直面している生徒の場合は、自分が助けられ、理解されていると感じることができる。もし、教室が安全で自分の欲求を満たしている環境であるならば、改めて生徒は学習に取り組むことができるのだ。

ここで、一つ質問に答えてほしい。返信をしたい欲求を抑えてスマホをカバンに戻し、「見せかけの努力」で課題に取り組んでもらうといった指導と、課題に取り組む前に少し時間をとり、母親に返信してもらうといった指導のどちらがいいだろうか？　短期的な欲求を満たすことの重要さを知っている教師であれば、後者を選ぶはずだ。

さて、「短期的な障壁」だが、生徒を挫折ポイントの位置に近づけ、学びを難しくさせることもある。逆に言えば、この短期的な障壁が一日の学びに影響するという現実を教師は受け入れる必要があるということだ。そのような場合は目標を切り替えて、次の日に仕切り直せばよい。「短期的な障壁」を無理やり乗り越えさせようとすると、挫折の可能性を高めることにもなり得るからだ。学びの機会を失ってほしいと思っている教師はいないと信じているが、長期的な学びで勝つといったことを視野に入れて、今日のところは負けてしまったほうが生徒に大きなインパクトを与えることになるかもしれない、と考える必要がある。

長期的な障壁

「長期的な障壁」は、生徒の家族や友達などといった親しい間柄や、生徒自身のアイデンティティーに根ざしている。その具体例として、自分自身が目指していることが授業目標と一致しないこと、不安定な家庭生活、アルコールや薬物の乱用、否定的な自己認識、反社会的な仲間、不十分な登校日数などが挙げられる。言い換えれば、これらの障壁は学習に注ぐエネルギーを制限するものであるということだ。

不登校になっている生徒は、ほかの生徒に追いつかなければならないというプレシャーに悩んだりする。しかし、追いつくためには、先に進んでいる生徒よりも努力をする必要があるが、そのような努力はしたくない、またはできない生徒は挫折してしまうことになる。

たしかに「長期的な障壁」は学習に取り組むことを難しくさせるわけだが、頻繁に挫折することにつながるとはかぎらない。時には、授業で目立った行為をすると教師やクラスメイトに問題を抱えていることがバレてしまうため、生徒は学習に取り組んで、問題を見えにくくする場合がある。たとえば、親が薬物を乱用していることは、親しい友人以外、誰にも知られたくない問題である。こういう場合、必死に「見せかけの努力」をする。そうすれば、重大な問題にあまり注目されないですむからだ。

教室において、いかなる働きかけをしても挫折を防ぐことができないという生徒もいる。このような生徒は、教室に足を踏み入れる前から挫折しているものだ。慢性的な栄養失調に苦しんでいて、朝食と昼食を食べることを主な目的として学校に通っている生徒は、忍耐強く食べ物を待つことにエネルギーを費やしている。[1]そのため、学習するためのエネルギーはあまり残っていない。彼らはマズローの欲求五段階説にある「生理的欲求」を満たすことに専念しているため、積極的に学習に取り組むという高いハードルは挫折を招くことになる。

このような理由で学習する準備ができていない生徒に対しては、生存のための欲求を満たし、学習に焦点を移すように努めなければならない。その際、カウンセラー、ソーシャル・ワーカー、またはそのほかのコミュニティー・プログラムからの根本的なサポートが必要になる。

「長期的な障壁」が適切に対処されなかった場合、学力低下や頻繁な問題行動につながる。長く続いてしまうこれらの障壁によって、停学や退学などといった罰が避けられないケースも出てくるだろう。その日に起こったクラスメイトとの衝突や悲観的な経験をした生徒の挫折や見せかけの努力は短期的なものと思われるが、「長期的な障壁」の場合は完全な挫折につながってしまう。

「長期的な障壁」と向きあっている生徒は、基本的な心理的欲求や安全の欲求が満たされたと感じるまで、学習において何かを達成するよりも失敗のほうを好むものだ。なぜなら、学習のような高いレベルの欲求を満たす以前の基本的な欲求を満たされたいと思っているからだ。学習に取

（1）アメリカでは給食の提供されていない学校が多いが、貧困家庭に無料の朝食や昼食を提供するサービスは行われている。

り組めるように生徒を支援したいのなら、挫折の原因となっている障壁を特定する必要がある。

このように、教師がどのような行動をとればよいのかと考える場合には、「短期的な障壁」と「長期的な障壁」を見極めることが必要となる。たとえば、薬物や酒の影響を受けている生徒と、それらを濫用している生徒への対応は異なる。また、友達とケンカをしている生徒と、危険な人間関係に巻き込まれている生徒への対処方法も違ってくる。

教師は、生徒が挫折してしまう前に「短期的な障壁」を対処しようとするものだが、しつこく蔓延した「長期的な障壁」がそれを阻害しているかもしれないので、そのほかの支援策が必要になる。

また、教室（ないし学校）レベルで問題に対処できるだけの十分なリソースがあるのかについて確かめるために、短期的と長期的な障壁を見分ける必要もある。「長期的な障壁」に直面している生徒のために設計された教育的な介入はもっとも深刻で持続的な挫折に影響を与えることになるので、より高度な解決策を考える必要がある。

教師が積極的な学習者を育てるためにどのような行動をとればよいのかについて決める際には、短期的な障壁と長期的な障壁を見極めることが必要となる。

まとめ

努力と挫折に影響を与える要因を整理するため、本章ではいくつかの手段と用語を紹介した。これによって、挫折の根本的な原因を解消するために取り組む内容がより明確になるだろう。そして、挫折ポイントという観点から、生徒が学習に取り組めるような好影響を与えることが可能になる。また、生徒が挫折する（諦める）原因をより良く理解するのにも役立つ。

「挫折の方程式」（二八ページ）は、生徒を見取り、対処する方法を明らかにするものとして機能する。教師という仕事は、個人である子どもや若者とともに取り組むという、ほかに例のない仕事である。それゆえ、すべての生徒が同じ課題と状況に苦しんでいるかのように扱ってしまうと、教育問題を解決することはできない。

生徒が直面している状況を教師が認識し、それがその生徒の挫折ポイントにどのように影響しているのかについて考慮する。そのうえで、一人ひとりの学習活動や学習内容を組み立てるべきである。そうすれば、生徒の楽観性、課題の価値、そしてレジリエンスにプラスの影響を与え、短期的・長期的な障壁による悪影響を緩和することができる。

表２－１　楽観主義に関するルーブリック

楽観主義	
途上	□生徒は、自分が学校で成功できるとは信じていない。 □生徒が成功するという期待はきれい事でしかないと思っている。 □生徒は、直接サポートを受けるときのみ楽観的になっている。
発展	□生徒は、日々の学習課題の目標を達成できると信じている。 □生徒が成功するという期待は実用的な目標に基づいている。 □生徒は、個別学習に取り組むことに楽観的になっている。
高度	□生徒は、重要なプロジェクトやテストを行う際の能力に非常に自信をもっている。 □生徒が成功するという期待は、実用的で個人的に目指していることとつながっている。 □生徒は、仲間を教え、サポートできる能力に楽観的となっている。

表２－２　課題の価値に関するルーブリック

課題の価値	
途上	□生徒は、学習課題の目標を達成するために積極的な取り組みが必要だと理解していない。 □生徒のクラスメイトや家族にとって、学習の優先順位は高くない。
発展	□生徒は学習が重要であることを理解しているが、日々の課題がそれとどのように関係しているのかについては理解していない。 □生徒のクラスメイトや家族は、自分たちのアイデンティティーや外発的な動機づけ（飴と鞭）があるときだけ学習に価値を与えている。
高度	□生徒は、課題の価値を常に自分の学びの機会と捉え、自分からも積極的に学びに貢献している。 □生徒のクラスメイトや家族は、生涯にわたって学び続けることに価値を与え、新しい経験となる機会を常に探している(*)。

（＊）この状態では、学びのコミュニティーが形成されていることになる。教室や学校の中だけでなく、家族を中心に、地域全体においても同じことが言える。

表2－3　レジリエンスに関するルーブリック

	レジリエンス
途上	□生徒は、障壁に遭遇してもめったに挑戦しようとしていない。 □生徒は、変化に否定的な反応をしている。 □生徒は、一人で障壁を乗り越えようとしている。
発展	□生徒は障壁に遭遇したとき、取り組み続けるのにサポートを必要としている。 □生徒は、小さな変化にはよく対応している。 □生徒は、親しいクラスメイトや教師の助けを借りて障壁に向きあっている。
高度	□生徒は障壁に遭遇したとき、自分でさらに努力をして乗り越えようとしている。 □生徒は、変化に適応する意欲を見せている。 □生徒は、障壁を克服するために新しい人間関係を築いている。

表2－4　短期的・長期的障壁に関するルーブリック

	短期的・長期的な障壁
途上	□生徒のストレスは、生理的欲求（栄養、睡眠、健康など）から来ている。 □生徒は、学びの妨げになる（家族、友達、教師などとの）人間関係の問題を抱えている。 □生徒が教室の外で支援体制がある安全な場所はほとんどないと感じている。
発展	□生徒は、生理的欲求（栄養、睡眠、健康など）から来るストレスはめったに感じていない。 □生徒は、学びの妨げになる（家族、仲間、教師などとの）人間関係の問題をめったに抱えていない。 □生徒の家族は、学校外での安心安全を確保してくれている。
高度	□生徒は、生理的欲求（栄養、睡眠、健康など）を満たすために保護者に頼れると思っている。 □生徒は、（家族、仲間、教師などとの）健康的な人間関係を維持するのに役立つ社会的・感情的支援を受けられると思っている。 □生徒の家族とコミュニティーが、学校外で安心・安全を確保してくれている。

第3章

挫折ポイントのマインドセット——練習、成長、協働、学びのオウナーシップ[1]を強調し、挫折を抑制するマインドセットを育てよう

私が働ける分よりも少ない報酬は受け取れない。
（ブルガリアのことわざ）

子どもは、予測不能かつ理解できない行動をよくとるものだ。しかし、親はこのような行動に慣れている。たとえば、お腹が空いているのに食事を食べなかったり、疲れているのに寝なかったり、何もないのにいきなり癇癪《かんしゃく》を起したりする。このような行動をするのは、末っ子にかぎったことではない。ティーンエイジャーも、親にとっては赤ちゃんと同じように手間がかかる。子どもから買い物に誘われた親が、行き先で「離れて！」と言われたり、自分から口を開かないのに「話を聞いてくれない！」と文句を言われたりする。こういった態度にイライラさせられるわけだが、しばらくするとこういった予期せぬ言動に慣れてくる。

子どもは、学校でも予測できない行動をとる。教室を出るとき、授業中に書いたノートを捨てたり、課題をやらないで教師を困らせたりもする。親なら子どもの様子を見て、子ども目線で効

果的な対応をするが、大人目線で生徒をコントロールしようとしてしまう教師が多いようだ。言い換えれば、学習とは、学校に来て指示に従うことだと単純に考えている教師が多いということである。

教師の指示が完璧であれば生徒の反応も積極的なものになり、予想しやすくなると勘違いしている教師も多い。しかし、実際は、生徒の反応というものは期待どおりにいかないほうが多い。子育てと同じく、教室においても生徒の反応は予想どおりなものとはかぎらない[2]。教師がこのことを念頭に置いていないかぎり、意図することなく生徒を挫折に導くことになる。

生徒の興味関心をもっとも高めることができるのは「プロジェクト学習[3]」であると言われている。生徒を主体的に取り組ませるために、プロジェクト学習では音楽、映画、ゲームなど、生徒が興味をもっていることや関心事を利用しているわけだが、これがもっとも合理的である。しか

（1）オウナーシップとは、自分のことであるという意識をもつこと、自分事として捉えることを意味する。

（2）子育ての効果的なアプローチが紹介されている『子育てのストレスを減らす10の「魔法」のことば――子育てをハックする』は、教師が読んでも参考になる点が満載である。ここに書いてあるように、子どもに対する親の接し方は教師にとっても参考にできることがたくさんある。

（3）これらの具体的な事例がたくさん紹介されているのが、『あなたの授業が子どもと世界を変える』、『プロジェクト学習とは――地域や世界につながる教室』、『ＰＢＬ――学びの可能性をひらく授業づくり』である。

し、このような授業でも、やはり「見せかけの努力」をする生徒がいたり、授業内容を馬鹿にしたりするといった生徒がいる。

授業設計の段階でポジティブな成果を期待していただけに、教師はがっかりしたり、イライラして終わってしまうことがある。楽しいはずの家族旅行が不機嫌な子どものために「台無しになる」場合と同じく、計画どおりにいかない授業において教師が落胆することも少なくない。どんなに一生懸命最善を尽くしたとしても、説明のつかないような子どもの行動に遭い、結果的に大人が落胆してしまうのだ。このような状況は、熟考した計画が上手くいかなかったことを示しているというよりは、たとえしっかりした計画であっても、子どもを楽しませたり、挫折を回避したりすることができないということの現れとなる。

生徒の興味関心を引いて主体的に取り組ませるために、音楽を使った歴史の授業を紹介したい。この授業では、活動が十分に準備されているほか、評価の方法もきちんとルーブリック（評価基準表）において示されていた。

授業で生徒は、歴史に関連する歌詞を調べて分析した。探究（プロジェクト）学習から学んだことを仲間と共有するため、オリジナル曲や音楽動画を作成したり、学習内容に沿った曲のプレイリストをデザインしたりするなどの選択肢から選び、創造力をいかしたプロジェクトをすることが目標であった。担当教師は、興味をもって主体的かつ熱心に取り組む生徒の姿を期待していたが、音楽好きの生徒も含めて全員がまったく取り組まなかった。

第2章で述べたように、いくつかの要因が生徒を挫折に導いてしまう。この授業の場合、仲間の前で発表するということが生徒の楽観性を失わせてしまったのかもしれない。ほかの生徒も、創造力を使って発表するという課題の価値を見いだすことができずに挫折してしまったのかもしれない。また、睡眠不足のような短期的な障壁で初日から遅れをとり、追いつけないという気持ちから挫折してしまった生徒がいたのかもしれない。いずれにしても、何らかの要因で生徒はプロジェクト学習を楽しむことができなかったということだ。

合理的な視点でこのような状況を見ると、起こった事柄に単純な解決策があると多くの教師が考えてしまうかもしれない。しかし、教師からの配慮がどれだけあっても、挫折につながるような、生徒の気持ちや反応をすべて防ぐことはできない。完璧な授業設計や楽しい活動は、準備の一部でしかないのだ。

子育て中の親は、すぐに子どもの個性に気づき、ベストセラーになっている本に書かれたことに従うだけでは上手くいかないことを知っている。赤ちゃんが泣いているのは、お腹が空いているのか、ゲップをしたいのか、それとも疲れたからなのか、それは親自らの経験からしか分からない。教師も、自分の指導計画が理に適っていると信じていても、そうは簡単には生徒が受け入れないことを知っておく必要がある。とくに、生徒が挫折ポイントに近づく行動をしたときは、子育て中の親と同じようにそれを受け入れ、理解する必要がある。

挫折ポイントを深く理解しはじめたとき、私たち著者も授業に対する見方が変わった。とくに、よい授業実践の鍵となるものは何なのかを再考し、学びというものはどのような過程を辿るのかについて考えはじめることになった。

そして、授業後の反省会では、生徒に課題を提示する際の説明ではなく、授業のやり方を中心に振り返えるようになった。また、学習成果についての反省会では「いかに点を取らせるか」から「いかに成長させるか」という議論に変わっていった。そこから、生徒の主体的な学びや協働する機会をどのように提供するのかということに力を注ぐようになった。

実は、これらの考え方は、研修などで最善の授業方法として紹介されていたことなので頭に入っていたが、実践してみたらうまくいかなかったのだ。しかし、挫折ポイントの観点から授業を計画するようになってからは、研修などで紹介されているこのような素晴らしい授業方法の効果(4)が分かるようになった。

挫折ポイントという考え方のレンズを通しての授業実践があったからこそ、生徒が予測できない行動をとったり、諦めたりしてしまったときでもよい学びの機会が提供できるようになった。

皮肉に聞こえるかもしれないが、ノートを取っていないとき、宿題をしていないとき、授業をちゃんと受けてないとき、スマホをいじって集中していないときでも、生徒は多くのことを学んでいるのだ。

それを「学び」であると認識していない教師は、指示に従っていないことや課題を終わらせていないことを理由にして〇点《ゼロ》という評価をしてしまう。私たちは、これが間違っていると思うようになった。なぜなら、その評価をつけるための材料として使っている情報が的外れであるし、生徒が実際に学んでいることに気づいていないからである。

このような情報をもとに行われた評価は、生徒が挫折してしまったあとの状態を反映していると言える。評価しなければならないのは生徒の学びである。そのため、生徒が学びを示そうとしていないときを判断材料にしてはいけない。言い換えれば、生徒は挫折する前に何かを学んだかもしれないし、仮に見せかけの努力をしていたとするなら、教師が期待している形で学習をしていなかっただけかもしれない。また、教師の指示に従わない「怠け者」というレッテルを貼られた生徒は、学習内容をすでに知っていたからノートを取っていなかっただけかもしれないのだ。

(4)　翻訳協力者から、「理論として分かっていることと実際の実践がうまくいくことの間にあるパズルのピースが埋まるという感じ」というコメントをもらっている。

これまでの授業でうまくいったやり方や、自らが生徒であったときに経験した記憶をベースにして授業を実践している教師が少なくない。しかし、こうした授業実践にはいくつかの問題が潜んでいる。教師が期待するような、見てはっきりと分かることだけを学びと決める行為は、前述の例でも示したように、生徒の本当の学びを認識していないことになる。

ところが、挫折ポイントの考え方を軸にして授業実践を理解すれば、今まで見つけられなかった生徒の学びを発見することができる。そして、過去にうまくいったと思い込んでいた授業実践ではなく、生徒の真の学びに焦点を合わせた形で授業実践をするようになる。

「（完璧はもたらさないかもしれないが）継続は力なり」

いまだに多くの人が、黒板の前に立っている大人が子どもに何かを教えているという授業のイメージをもっている。教えているのは、算数・数学の問題やその問いの解き方かもしれないし、新しい学習内容を理解するための説明かもしれない。その後、生徒は教師の指示に従って、自分の学びを示そうとする。

しかし、このスタイルの授業は、もはやほとんどの教室に当てはまるものではない。最近では、教育はより協働的になっており、教師が教室の前にある教壇や黒板の側で授業をしているとはかぎらないのだ。だた、一つだけ変わっていないものがある。それは、生徒を挫折に導いてしまう、教育を支配する「訂正の文化」が残っているということである。

　間違いを見つけ、それを訂正することは、教師にとっては終わりのない仕事である。説明を聞き逃したり、混乱したりしている生徒に対して、何度か説明を繰り返すといったこともあるだろう。また教師は、生徒の回答をよく見て誤りを訂正するほか、遅れを取り戻すために課題を出している。

　しばらくすると教師は、生徒の間違いを先読みできるようになり、生徒が間違いをする前に訂正しようとする。このような行為はとくに算数・数学の授業でよく行われているが、問題をどのように解くのかという説明に加えて、生徒がやりがちな、避けるべき誤りを説明するようになってしまう。多くの教師からすると、この「訂正の文化」は、学びの過程にとって極めて重要な部分を示しているように思えるだろうが、生徒が学校外でどのように学んでいるのかを考えれば、これが最良の学び方でないことは分かるはずだ。(5)

　間違えるたびに練習を中断させているピアノの先生を想像してほしい。弾き間違いや手のポジション、テンポの間違いなどが理由で、その都度練習が中断されたとしたら、若き日のベートー

---

(5)「PLC便り、学校の学び vs 学校外の学び」で検索すると、関連情報が得られる。

ヴェンでさえピアノをやめたいという気持ちになっていたことだろう。頻繁に練習が中断し、そのたびに批判を受けるといった状態で自信が高まる人はいない。

スポーツの世界でも同様である。野球において、ピッチャーが投げるボールを打つことはかなり難しい。世界でもっとも活躍している野球選手でさえ、よく空振りをするし、打席数の三分の一ほどしかヒットにすることはできない。

アメリカでは、子どもが野球を習いはじめると、まず「ティーボール」(6)を習う。それでも空振りをするので、上達するために練習を重ねることになる。このようなティーボールでも、空振りをするたびにスウィングの修正といって、大リーグの監督やコーチが練習や試合を止めて指導するようなことはない。もし、監督がそんなことをしていたら試合時間が長くなり、かなりの人が野球をやめることになるだろう。さらに、子どもが打てるようになる前に、観戦に来ていた親が応援をやめるかもしれない。

未熟な音楽家やスポーツ選手にとって大切なことは、「練習」を続けることである。時には、時間を決めてトレーニングを行い、特定の技能だけに集中して練習をしなければならないときもある。また、あるときは、どれだけ下手でも、単にトレーニングを継続したり、努力するという姿勢を維持するだけで十分な場合もある。

音楽家やスポーツ選手のように、まずは練習を続け、次に高いレベルを目指し、スキルを磨くといった考え方を教師は見習うべきである。練習中、生徒が挫折していないとしたら、それは彼らが何かを学んでいる証《あかし》であると認識しなければならない。

この学び方は、高度なスキルを評価するといったことからすれば対象外となるものだろう。また、初心者が演奏する音楽のように、お粗末で完璧なものではないだろう。しかし、それは価値のある学び方なのだ。継続して練習を行うことができた場合にのみ、指導と修正は好結果をもたらすことになる。

実際、どんな生徒でも、大きな成功を収めるためには一万時間の練習が必要であるという研究報告がある。(7) この研究成果が示唆してくれているのは、一、二回の経験で完璧を求めるべきではないということだ。最初の数回は失敗しても、いずれは生徒のなかに学びが成立するということを教師は認識しなければならない。(8)

教師がやるべきことは、目先の完璧さを期待するのではなく、とにかく練習を促すことだ。そうすることで生徒に過度な期待をすることがなくなり、その結果、教師の批判も抑えられるし、挫折につながるような生徒のいら立ちを避けることができる。そして、たとえお粗末なできとな

---

(6) T（ティー）ボールとは、投げられたボールを打つことができない子どもがスタンド（ティー）の上に置かれたボールを打つという野球の練習法や子ども版の野球のことを指す。

(7) 「一万時間の法則」が紹介されているのは、『天才！　成功する人々の法則』という本である。

って多くの修正が必要になっても、一貫した努力を怠らない生徒であればより生産的な努力ができるようになる。

さらに言えば、ほんの数分しか練習ができない生徒でも、毎日、少しの間だけでもコーチング（学習内容だけではなく学び方も教える）などの支援を通して彼らの努力を正しい方向に向けられれば、十分な学びの成果を残すことができるはずだ。

ほんの少しの生産的な努力をコツコツ積み重ねることによって大きな学びが生みだされる。たとえば、語彙学習をしている生徒の場合、新しい単語に出合うたびに覚えようとするより、見せかけの努力を装って、知らない単語を飛ばしながら読んだほうが学べるものだ。

常にすべてを正確に読みとったり、間違いを訂正したりすることは、課題に費やすエネルギー以上のことを生徒に求めることになるので、挫折に導いてしまうことになる。それゆえ教師は、完璧を期待する代わりに、たとえ短時間であっても、足りない知識や技能を集中して学ぶように導く必要がある。

リーディングの課題の例を挙げるとしたら、教師が生徒にとってとくに意味のある文章を選び、そのなかの一つか二つの単語を調べるように指示を出す。すると、読むことに関して極めて低い楽観性をもっている生徒でも、達成できる目標が設定されたような気持ちになる。このような教師の意識転換によって、新しい単語を学ぶという、ともすれば挫折につながるような課題でも、主体的な取り組みと努力によって小さな達成感につなげることができるようになる。

「コツコツ積み重ねるという生産的な努力」は、従来から存在する、時間をかけた練習のやり方とは少し異なる。教師はよく、どのぐらいの時間をかけて勉強すればよいのかと伝えたり、開始のチャイムから授業終了のチャイムまで勉強するようにと言ったりするが、このような言動が引き起こす問題がある。学習を「時間」で定義してしまうと、生徒は効果的な学びをする代わりに時間ばかりを気にし、時間を稼ぐためにやっている振りをしてしまうということが多くなるのだ。つまり、教師の意に反して、学習への取り組みは見せかけの努力で十分だと解釈してしまうということだ。

　さらに、設定した時間の間に学習する生徒を見て、学びに集中していると勘違いする教師がた

（8）ここで書かれていることを読み書きで実践している教え方・学び方に、ライティング・ワークショップ（作家の時間）とリーディング・ワークショップ（読書家の時間）がある。下のQRコードを参照。ちなみに、書く指導では教師の添削が定番になっているが、これは教師にとってよくないだけでなく、生徒にとっては最悪の教え方となる！　ライティング・ワークショップ＝作家の時間は、それを葬り去った教え方・学び方とも言える。それは、教師がコーチ役を務めたり、具体的なフィードバックを提供したりすることも含めて、このあとに本文で紹介されている「アプローチ」を取っている。

くさんいる。早く課題を終わらせることができる生徒が、期限ギリギリに提出するという理由はまさにこれである。生徒たちは、できるだけ質の高い成果物を提出するための努力ではなく、与えられた時間をフルに使うための努力をするようになるのだ。

このようなことをふまえて、私たちは新しいマインドセット（考え方）によって生徒を違った形で評価するようになったし、生徒のほうも、効果的な学びを短時間で行ってほしいという期待にこたえるようになった。次第に生徒は、フィードバックやコーチング（学習内容だけではなく学び方も教える）を求めるようになり、多くの生徒が短時間で高い集中力を発揮するようになった。その結果、時間を気にしたり、いかにも時間をもて余しているといった行動の代わりに、さらなる努力をするようになった。

ここで述べた「練習」という考え方は、シリコンバレーにあるグーグル社をはじめとする大手企業の考え方と酷似している。シリコンバレーの企業は、従業員の創造性や努力を促進することを目的として、九時から一七時まで働くといったことにはこだわっていない。さらに、卓球台や仮眠室、たくさんのおやつを用意していることでも有名である。

グーグル社の場合は、このような空間を意図的につくっており、創造性やチームワーク、精神力などを促進することを目的としている。教師も、これに倣って生徒を成功に導く教室環境をつくることができれば学習意欲を高めることができる。

このような環境なら、生徒は間違いを犯すことを避けたり、見せかけの努力をしたりせず、学びに集中するようになる。失敗を何度も繰り返しながら練習をするという学習過程の大切さを強調することによって、生徒が挫折する機会を減らすことができる[9]。

日々の練習に関する大切さを説くことは、一人ひとりの生徒に対して個別の目標を設定することにもつながる。そして、主体的な学びの成果から得られる情報によって、どこをどのように努力すれば成果を上げることができるのかと生徒は考えるようになる。また、教師がコーチとして、「例を示しなさい」、「書き順に焦点を当てて勉強しなさい」、「昨日習ったことと比較してみなさい」といった具体的なフィードバックを与えることによって、学習効果が上がるポイントについても理解できるようになる。

私たちは、課題を終わらせることやミスを直すことに注力するのをやめ、生徒一人ひとりの挫折ポイントに注意を向けながら指導するようになった。そして、この新しい授業方法によってすべての生徒を継続的に成長させることに成功している。

「練習」を中心とする学習文化を築きあげるといった場合の最終目標は、完璧に何

（9）この点については、『あなたの授業が子どもと世界を変える』（第9章「私たちの学びのストーリーには、失敗ではなく、失敗することが含まれるべき。これら二つには大きな違いがある」を参照。なかでも、下のＱＲコードは必見。

かができるようになるということではなく、学習過程を強調することである。教師が、練習は上達につながり、意図的な努力こそが最高のパフォーマンスの一部であると強調したら、努力こそが成功への重要な要因であることを生徒も理解するようになる。このような状態になれば、生徒にかかるプレシャーを減らすだけでなく、生徒が挫折しないようにサポートがさらにできるようになる。その結果、生徒にとってはより有意義な学びを実現することが可能となる。(10)

成長マインドセット

挫折ポイントを考慮した意識改革のために、「マインドセット」と呼ばれる概念を知っておく必要がある。私たちはこの概念をスタンフォード大学のキャロル・ドゥエック（Carol S. Dweck）博士の研究から学んだ。ドゥエック博士の研究では、学びに対する二つの基本的な思考パターン、つまり「成長マインドセット」と「固定マインドセット」が対置されている。「固定マインドセット」をもった人は、学びを「白か黒」で見がちであり、答えは正しいか不正解か、人々は賢いか馬鹿か、課題を達成できるかできないかなど、二者択一で決めようとしてしまう。また「固定マインドセット」をもった人は、教育を成績やテストの点数といった人工的な基準で捉えており、新しい学びにつながる学習過程を無視している。

一方、「成長マインドセット」のもち主は、自らの成長や目標を達成するためにサポート体制をつくったり、努力を強調したりする。「成長マインドセット」があれば学習結果よりも過程を優先する思考パターンをもっている、と言われている。

「固定マインドセット」をもとに物事を考えると、学びは結果が絶対条件であると考えてしまうので、挫折という選択肢を強調してしまうことになる。「固定マインドセット」で考える教師は、「あなたは○○をしなければ点数がとれないよ」、「スマホを置いてノートを取らないとダメでしょう」、「試してみたら算数・数学を好きになるかもしれないよ」などのような言葉かけをするわけだが、やる気がない生徒にとっては挫折を促すセリフでしかない。

このように言われた生徒は、挫折した試験で悪い点数をとる、授業で教師の話を無視してノートを取らない、スマホをそのままいじり続けるという選択肢もある、と考えてしまうものだ。選択肢が白か黒なので、皮肉にも生徒はより簡単なほうを選ぶことになる。

大半の生徒は、高校生になるころには学び方よりも挫折の仕方をよく知るようになる。彼らからすると、授業時間を利用して映画を観せられるということは「挫折してもよい」というメッセ

---

(10)　この点については、『歴史をする』『だれもが科学者になれる』『教科書では学べない数学的思考』や「作家の時間、オススメ図書紹介（教師用）」で検索して読めるリーディング・ワークショップとライティング・ワークショップ関連の本に書かれているアプローチが参考になる。

ージになる。また、ワークシートを使った活動では、友達から答えさえもらえれば学習は終わりである、ということになる。

さらにグループ学習では、グループ内に自分より賢くて真面目な生徒がいれば自分は貢献しなくてもよいと判断するし、楽しむことだけが目的となっている課題であれば、指示された目標を満たす方法さえ見つけることができれば、期限ギリギリまで先延ばしにしてもよいという結論に至ってしまう。

「固定マインドセット」を強調することは生徒の怠慢を促すことになり、その結果、生徒はより早く、そして頻繁に挫折するようになってしまう。私たちは、この「固定マインドセット」が、頻繁に挫折する生徒が共通してもっている思考パターンであることを発見した。したがって、現在では、挫折ポイントをうまく回避するためにもっとも重要なことは、教室の雰囲気と生徒への期待を変えることだと考えている。つまり、見せかけの努力や挫折した活動から生徒を引き離すことが私たちの目標となったのだ。

具体的には、「課題を終わらせよう」といった抽象的な指示から「○○の部分を改良して、再度、提出しよう」というような成長を促す指示に変えたことで、教室の雰囲気とともに学習そのものに目的が移るようになった。すると、ほとんどの生徒が、挫折するより私たちの期待にこたえるほうが楽であることに気づきはじめた。

さらに、「生徒の課題をとりあえず終わらせよう」という考え方に変えるために、フィードバックに重点を置くようにした。すると生徒は、教師やクラスメイトに自分の進歩状況を見せるようになったり、目標を達成するためにフィードバックを要求したりして、これまで以上に課題に取り組むようになった。(11)

教室の雰囲気と生徒への期待に対する変化の効果はすぐに現れ、しかも強力なものとなった。これまで時間をつぶすために見せかけの努力をして、未完成の成果物を提出していた生徒が、どこをどのようにすれば提出物の質が高まるのかと私たちに尋ねるようになったほか、普段から学びの改善に生徒が集中するようになり、見せかけの努力をしなくなったのだ。

ドゥエック博士の功績は、思考力は「固定」されたものではなく、知性やＩＱの副産物でもないということを私たちに示したことである。努力することで生徒は成長するのだ。

私たちが「すべてのエネルギーを学習に集中させ、意図的な練習をしなさい」と言うとき、期待していることは「成長である」というメッセージを発信している。この期待は、初期段階の学習成果ではなく深い学びを意味しており、学びをもっと明確な形で表現し、証明することを生徒

(11)　成長マインドセットの言葉かけやフィードバックについては、『オープニングマインド』(第2章と第4章)および『ピア・フィードバック』が参考になる。

に促している。生徒がこのことを理解すれば、能力に関係なく、一人ひとりの可能性を最大限に伸ばせるための指導ができるようになる。

教師であるなら、一見したところ能力が高く、さらに高いレベルに到達する場合にも努力を必要としない生徒に出会ったことがあるだろう。しかし、このような生徒の場合、学校教育が進む過程で見せかけの努力を続けるため、ほかの生徒より少しずつ遅れをとるといったことがある。

彼らは、努力をしなくても、ほかの生徒よりも成果を出している状態に慣れている。そのすぐれた成績という固定された目標が、彼らの挫折につながることになる。なぜならば、彼らは努力をしていないにもかかわらず、目標を達成しているという経験が多いからである。

一方、常に努力をしている生徒は「成長マインドセット」をもつようになるので、その差を徐々に埋めることになり、優秀と評価された生徒よりもすぐれた結果を残すようになっていく。

点数や成績のことを教師が強調し続けると、挫折を許容する「固定マインドセット」を強化することになる。「あなたは、この授業の単位をとる必要がある」と聞いてしまうと、生徒は単位が取れそうなところまで学習したらそれ以上の努力をしなくなる。また、「この課題は成績の五点分です」と聞くと、その程度の点数なら途中で諦めても成績に大きく影響しないので「問題はない」と思うようになってしまう。

点数や成績を強調する代わりに、意図的な練習やコツコツと積み重ねる生産的な努力を中心とする学習過程の大切さを強調すれば、目標を達成することができないといった生徒の言い訳が無意味となるので挫折を避けることができる。教師の期待や学習目標を、試験の点数のような絶対的なものではなく一人ひとりの成長であることを伝えれば、生徒は「マインドセット」をより理解するようになるのだ。

「成長マインドセット」の観点から成功を再定義すると、生徒の楽観主義にも好影響を与えることになる。しかし、従来どおり、成功基準を通知表や点数を中心とした成績にすると、学習から得る満足感はかなり遅れて届くことになる。このような評価方法の場合、生徒が一生懸命学習して成績を上げようと努力するのは、期末試験など、成績が出る直前だけとなる。(12)

一方、生徒が学習に対して行う努力や積極的な取り組みは、すぐに認められたり、褒められたりするものなので即座に報われた気持ちになる。よく考えれば、教師も同じである。年度末に一回きりの業績評価を校長から受けるより、生徒のために毎日コツコツしている努力が認められたり、フィードバックをもらったりする評価のほうが達成感を味わうことができるし、楽観性が高まったりするものだ。

(12)　これは、総括的評価を重視することで、生徒の努力は学期の最後にしか示されないという意味である。俗に言う、試験前の「一夜漬け」のこと。しかも、その点数や成績をもらったところで、さらに改善するための時間やフィードバックが提示されることはない。

小さな子どもを含むほとんどの人は、その場でのフィードバックやほめ言葉をもらえることを好むものだ。成績や点数よりも、このような見返りを優先したほうが効果的である[13]。

成績表を重視する代わりに、達成したことや日々の学習を重視することで、生徒の積極性と楽観性を補強することができる。自信の欠如は、第2章でも述べたとおり、さらに挫折を引き起こしやすくなる。成長を重視する教室であれば生徒が間違いを犯しても成長を示すことができるので、失敗を絶対悪として捉えることはない。失敗は学習過程の一部分でしかないと思うようになり、生徒の自信を高めることが可能となる。従来の考え方であれば、「出来・不出来」だけを評価しているので、減点、未提出の課題、悪い授業態度などが理由で生徒の評価が下がり、楽観性に制限がかかってしまうことになる。

アメリカには、学級経営の一環として、生徒の授業態度や学習行動を色別に示して毎日伝えるという方法を採用している学校がある。一見すると、理に適った形成的評価の方法のように思えるが、このやり方は「固定マインドセット」を強化してしまうことになる。生徒は、その日に付けられた「色」をずっと気にして、その日の学習において成長した部分に気づく可能性が低くなり、自分は成長できないのだと「固定マインドセット」を強化してしまうのだ。たとえば、マイナスの色を付けられた生徒は、その日の悪い出来事ばかりを意識してしまい、目の前にある学びの機会を台無しにしてしまう可能性が高くなる。

生徒に与える課題を挫折ポイントの考え方から見たとき、これまでやっていたことに対する疑問が浮かびあがってきた。算数・数学の一五問をたやすく答えられる生徒に、三〇問を解かせる必要はあったのか？　学んだことを確認するためにいくつの問題を解かせるべきなのか？　教育的な価値があるからその課題を与えていたのか？　それとも成績をつけるために与えていたのか？　これまでは、生徒に与えていた課題はすべて学びにつながると考えていたが、そのほとんどが成績をつけるためであり、生徒にとっては単なる「作業」にすぎなかったことに気づいた。単に、生徒を忙しくさせていただけだった。また、合計点の帳尻あわせのために質問を増やすということもあった。つまり、私が出していた多くの課題は無意味であり、成績をつけるためだけのものであったということだ。

さらに、挫折ポイントについて研究をしていくうちに、このような無意味な課題が生徒を挫折させる可能性を高めていたことにも気づいた。生徒が課題を単なる作業と感じてしまうと、その課題を終わらせるために必要とされる努力をするわけがない。私たちは、意味のある学びに焦点を当てた課題を出しておらず、課題そのものの価値を下げていたことになる。

(13)　こちらの評価法は、形成的評価ないし「学びのための評価」と言われているものである。それに対して成績や点数は、総括的評価ないし「学びの結果としての評価」と言われている。これらの違いに興味のある方には、『一人ひとりをいかす評価』、『成績をハックする』、『テストだけでは測れない！』をおすすめする。

ほとんどが「作業」と思われるこのような課題は、生徒の学びに何の貢献もせず、成績をつけるために提供したものだった。このことに気づいてから、私たちは点数のことを考えるのをやめ、生徒の成長を重視した課題を出すようになった。もちろん、正答率を出す必要がなくなったため、設問ごとに点数をつけることもやめた。

要するに、点数よりも成長が大切であることを強調しようと、出す課題の難易度を徐々に上げるようにしていったわけだが、それらはアップルやアマゾンが開発した「ＡＩアシスタント」（音声を認識してさまざまな質問やお願いにこたえてくれる技術）や「Siri」（アップル社）、「Alexa」（アマゾン社）で答えられるようなものではなく、開かれた（オープンエンドの）質問をするようになったということだ。その結果、生徒は包括的な答えをするようになり、挫折感を減らすことにつながった。

挫折の頻度が減ると、私たちの取り組みをさらにレベルアップさせられるのではないかと感じられるようになった。とはいえ、私たちは、生徒のために教科書をカバーする授業を行うという古い考え方を捨て切れていないということにも気づいた。

学ぶために、生徒は課題を最後までやる必要はあるのだろうか？　生徒が積極的に取り組むことで成長がうかがえたら、一、二問の間違いは問題となるのだろうか？　生徒が一定時間に意図的な練習をしていたら、一部の問題を飛ばすことくらいは問題にならないだろう。

こういったことを自問自答するなか、生徒を比較するために点数をつける必要がなく、全員が同じ問題を解く必要がないことも分かった。そして、今までのように時間が足りず、課題を終わらせることができなくてイライラして挫折するといった生徒がいなくなった。

また、課題を終わらせることを強調する代わりに、生徒一人ひとりの学びにとって有益な課題とは何かについても考えるようになった。これまでの固定された時間という概念を、生徒一人ひとりのニーズに対応できる時間として柔軟に考えるようになったということだ。

このようにして、私たちはクラス三〇人分の成績を同じタイミングでつけて、成績簿に記録しなければならないという考え方に縛られることがなくなった。そのため、生徒に対しても、ドゥエック博士が説明している「まだ（yet）」という言葉がもっている力の本当の意味を知ることができた。

学ぶ速さが生徒一人ひとり違うからこそ、「成長マインドセット」では時間という概念を柔軟に考える必要がある。教師が設定した目標を、教師や教科書が設定した速さで生徒に学ばせると、あらゆる場面で生徒が遅れをとったり、自分の状況をコントロールすることができなくなったりする。

生徒は、時間制限のなかでは達成できないと思っている課題に対して自らがもっている力をすべて注がず、諦めることを選び、挫折し、あまりよくない成績を受け入れるようになってしまう。

私たちも、時間を柔軟に考えるようになったことで成長と意図的な練習に学びの焦点が当てられるようになり、このような困難から免れることを学んだということだ。

時間をもっと柔軟なものとして考えることで、挫折を回避するためのツールが増えたと言える。これによって、以前のように成績をつけるために同じ速さで生徒に課題をやらせる必要がなくなったし、学習の進め方を速める必要もなくなったので、生徒の挫折を軽減することができた。

しかし、どれだけ挫折を減らしたとしても、非合理的な行動や予測できない行動が学びを妨げる場合が現れるものだ。そういったときでも、時間に対する概念が柔軟であれば困難を乗り越えることができるし、学びはいずれ可能になると確信できるようになっていった。つまり、生徒も教師も、学習目標に「まだ」到達していないだけである、と考えるようになったわけだ。「成長マインドセット」によって、挫折の可能性を減らすことができるということだ。

評価のマインドセット

成績や点数が学びに与える影響を考え直すことで、評価に対する考え方も変わってくる。学習課題が挫折につながるのであれば、試験もその可能性をもっていることになる。生徒は、小テストや試験、プロジェクト、事前テスト、事後テストといった、教師が学習の度合いを測るさまざまな方法に対して偏見をもっている。この偏見のために、試験が近づくと生徒は挫折する可能性が高くなる。

試験の結果や成績に対する不安と楽観性の低さが、「自分は勉強のできない人」という負のアイデンティティー形成につながっていくわけだが、評価とは何なのかを明確にすれば、このような混乱やストレスを回避することができる。

私たちが挫折ポイントの研究をはじめたころ、教育委員会はデータを活用した教育実践を重視するようになった（「エビデンスに基づく教育」とは、教育関連の政策や実践を実証的に裏づけることである）。そのため、指導の改善を目標にして、事前・事後テストの結果を分析するために同僚と話し合うことにした。

この取り組みは私たちの教育実践を改善するのに役立つように思われたが、私たちが挫折ポイントの研究から学んだのは、この話し合いは無駄であったということだ。つまり、次の単元のために実施していた事前テストは、生徒の学習内容に関する基礎知識を測り、その結果をもとに授業目標を設定するというねらいがあったのだ。数え切れない数の生徒が事前テスト中に挫折してしまったので、そのデータを活用することに意味がなくなったのだ[14]。

当時、私たちは多項選択式の問題を利用して事前テストを作成していたわけだが、この問題形式を使うことで生徒の挫折を早めていることに気づいた。生徒はすべての解答をただ推測し、できるだけ早く事前テストを終わらせればいいと思っていたし、見慣れない試験内容に答えられるとは思っていなかったため、あまり考えることなく解答をしていた。そのため、生徒が事前にもっていた基礎知識の傾向を測ることが不可能となった。

なかには、事前テストでは正解していた問題を、事後テストにおいて不正解となっていた生徒もいた。この生徒は、学んだことを忘れてしまったのだろうか？　それとも、記憶を失うような病気にかかってしまったのだろうか？　おそらく、事前テストで正解した問題は推測して当てただけであったのだろう。

第2章で述べたように、これは課題の価値に関係する問題である。事前テストの価値を理解していなかった生徒は、結果が悪くてもよいと判断していた。また、従来の評価方法にも問題があった。

教師は、試験の結果が生徒の知識を示すと考えている。もちろん、生徒が試験でよい成績を収めるために全力を尽くすなら、この評価方法は理に適っていると言えるだろう。しかし、これは大人の合理的な考え方であり、必ずしも生徒の考えとは一致しない。したがって、この問題を解決するためには、評価に対しての新しい考え方（評価のマインドセット）が必要となる。まず、評価の目標として次の二点を挙げることができる。

・学習に関する情報（データ）を集める（形成的評価(15)）
・学習を評価する（総括的評価）

しかし、この評価目標がうまくいかなかったり、生徒を挫折に導いたりした場合、教師はどうすればいいのだろうか。私たちは、「日々の練習」を軸に「評価のマインドセット」を確立して、この問題に対処することにした。

「日々の練習」において、私たちが必要としていた情報はすべて手に入れていたので、新しい評価方法はこれといって必要としなかった。事前テストで開かれた質問をし、その解答を生徒の基礎知識と見なした。そして、それをもとに授業目標を決め、新しい知識の定着を促した。このような取り組み方に変えたことで、以前のように生徒が事前テスト中に挫折することがなくなった。生徒からすれば、普段どおりに「成長マインドセット」をもって学習課題をこなしていただけである。

---

(14) かなりの確率で、日本の国および自治体レベルで行われている学力テストにも同じことが言える。多くの一般校で、全国模試の結果に対してこのような「検討会」が行われている。「なぜ偏差値が〇・二ポイント低下したのか？」などが議題になっている。
(15) 前掲の「エビデンスに基づく教育」とは異なる。

どんな評価方法でも、生徒の学びと学習目標のギャップを把握できる情報（データ）を得ることができれば形成的評価になる。毎日、放課後に私たちの授業計画がどれだけうまくいったのかについて話し合って、生徒が次に進むことができるのか、当初の授業計画をそのまま続ける必要があるのかについて決めた。

話し合いでは、成績や点数の話題は一切しなかった。評価というのは、ただ計画をしなければならない一部でもなければ、成績をつけるためのものでもない。ほかの教師は「一生懸命学習をしているのか」とか「十分に頑張っているのか」と話し合っていたが、それに対して私たちは「生徒が何を理解しているのか」や「どのあたりに支援が必要なのか」について話し合っていた。評価で得た情報は、のちの授業計画に役立つものである。とくに、生徒が成功するために必要とされる学びの機会が提供できるという授業計画が組めるようになった。

形成的評価に重点を置くようになってから、私たちの学習過程に対する認識が変化したほか、総括的評価に対する考え方も変わった。学習過程を練習期間として重視することによって、試験をパフォーマンス評価として考えるようになったのだ。音楽家やスポーツ選手と同じように、もっとも大切なときに最高の演奏やパフォーマンスができるように練習を結びつけたわけである。

何らかの方法で、生徒の言葉で学びを確実に表現することができるかを確認することが重要である。幸いなことに私たちは、日々の形成的評価から生徒の学びを十分に把握していたので、生徒がすでに知っていたことを、試験ではなくほかの何かに結び付けるようにした。

私たちは、より深い学びとより高次の思考力[16]にねらいを定め、生徒には、学びを比較したり、整理したり、個人的な体験と結び付けたりするように指導した。

当初、このような指導がさらなるプレシャーをもたらし、挫折につながらないかと心配していたが、より深い学びと高次の思考力に焦点を当てることで、従来の試験勉強よりも生徒の楽観性が高くなることに気づいた。挫折につながるどころか、むしろ生徒とのコミュニケーションの質が高まり、生徒の学習に対する意識が高まったのだ。

私たちは、評価を点数からフィードバックに変え、「より深く学習したことを示すため、何かと比較しなさい」などといったことを生徒に伝えるようになった。低い点数をもらうことがなくなったため生徒には自信がつき、成績不振という悔しさからの挫折がなくなった。

かつての試験では、生徒はあまり考えないで多項選択式や穴埋め式問題に解答をしていた。今は、開かれた質問を中心とする総括的評価に変えたので、生徒は一生懸命学習したことを解答するようになった。また、彼らはよりメタ認知を働かせ、自分のことを「勉強のできない人」だと

---

(16)　これは、ブルーム（Benjamin Samuel Bloom, 1913～1999）の思考の六段階説から来ている。暗記や理解レベルは低次、分析、応用、評価、統合（創造）レベルは高次の思考力とされている。

思わなくなり、自分たちの学びをより実証するために時間や準備期間を要求するようになった。私たちは時間を柔軟に捉えることの大切さをすでに認識していたので、この要求には素早くこたえることにした。

また、多項選択式の問題や一問一答式の試験をなくしたため、答えを写す必要がなくなったし、一人ひとりの解答が異なるため不正行為という心配もしなくなった。何よりもよかったのは、必要としていた生徒に対して柔軟に時間が提供できるようになったことである。

この新しい「評価のマインドセット」での授業実践で、生徒の考え方も変化している。彼らは試験を受けるストレスを感じなくなり、学習を通して成長できると認識し、自信が高まったのだ。そして、挫折する可能性が低くなったため、生徒が何を学び、何を理解しているのかについて私たちもより把握できるようになった。

学びのオウナーシップ

積極的な取り組みをするようになり、挫折をしなくなったことで、生徒は自らの学びに主体性をもつことがいかに重要なことであるのかと気づきはじめた。すべての単元において予想以上に生徒が学ぶようになり、成長するに伴って、「壇上の賢者」という教師中心の授業に限界を痛感するようにもなった。

最近の教育界では、生徒中心の授業を強調するようになっているが、生徒自身の動機に関する意識改革はまだなされていない。生徒に探究学習の機会や学習内容を選択する権利を与えるのはいいのだが、やる気のある生徒には有効である一方で、挫折を感じている生徒にはほぼ効果がないと言える。生徒が挫折してしまうと、教師は生徒の主体性を否定し、昔ながらの指導方法に舞い戻ってしまう場合が多いものだ。

このアプローチは、「飴と鞭」による子育て法に似ている。時に、親が「食べたいものを食べてよい」と言っても、食べようとしない子どもがいる。また、テレビゲームの時間を増やしてあげるというご褒美で子どもを食べる気にさせるという親もいる。

一方、躾《しつけ》ということで、タイムアウト（家庭や学校において、悪いことをした子どもに反省をさせるために自分の部屋に行かせたり、教室の角に座らせたりして、数分間静かにさせるという躾方法の一つ）という方法で脅迫し、食べさせようとする親もいる。

どの方法にしても、子どもは与えられた選択肢を論理的に熟考するわけではなく、権力争いとなり、意地の張りあいで終わってしまうものだ。結果的には親が物事を決めてしまうので、子どもには主体性の欠片《かけら》も育たないことになる(17)。

実は、教師も同じことをしている。道路脇に故障車が止まっているところを想像してみよう。

自動車を動かすには、その車を押すか引くしかない。押すにはかなりの力が必要であり、一旦押すのをやめると車両は止まってしまう。権力争いをする親子の関係によく似ている。

親（教師）が子ども（生徒）の背中を押そうとすると、その子ども（生徒）は押し戻すという選択をし、親（教師）に反発する。すると、親（教師）と子ども（生徒）の関係が悪くなる。教師が使う動機づけがこのような形であれば、ある生徒は学校に来なくなる可能性が出てくる。また、教師が押すことを止めた途端、その生徒は挫折してしまう可能性が高くなってしまう。

一方、かなりの力と強さが必要となるが、牽引ロープで車を引くことも可能である。多大なエネルギーを費やすことになるが、同じイメージで教師の考え方に生徒を近づける方法となるし、それほど対立的なものではない。

高校では、進級や進学ができるように教師が生徒を引っ張って指導をしている様子をよく見かける。私たちの同僚である一人の教師は、普段なら授業を計画している昼休みという時間を使って、期末試験の受験を拒否した生徒数名に対して「受験するように」と説得していた。この同僚は、彼らの成功を望んでいただけなのだが、生徒には試験に挑戦する意欲がなく、試験勉強をしてベストを尽くそうともしなかった。

同僚がかなりのエネルギーを費やしたにもかかわらず、多くの生徒は試験を拒否した。また、説得された生徒も、大人がつくった道の流れに任せて進んだだけであった。前向きな意図をもって行動した同僚だが、動機づけの方法としては欠点がある。教師主導という動機づけであったため、教師からの働きかけがなくなった途端、生徒の意欲がなくなったのだ。

結局、期末試験を受けた生徒も最善を尽くそうとはせず、教師のしつこさから逃れるために渋々協力した生徒も、努力してまで試験に臨むことはなかった。その結果、見せかけの努力になってしまい、生徒が期末試験でよい成績を出すために費やした労力より、教師が費やしたエネルギーのほうが多くなってしまった。

教師が自分の立場や権威を使って生徒を指導するかぎり、生徒のやる気は変わらない。この方法は、数少ない生徒には有効かもしれないが、単なる強制であるため、本当の動機づけとは言えない。そのため、

(17)　このことは、学校の中核的な問題であり続けている生徒指導にも言える。それゆえ、生徒の主導による生徒指導が求められているわけだが、その方法を具体的に紹介しているのが『生徒指導をハックする』なので参考にしてほしい。それは、次に説明されている「引くアプローチ」でも「押すアプローチ」でもなく、オウナーシップを生徒に預けるというアプローチである。

教師は、生徒が設定する目標が発展することを信じ、より柔軟な考えをもち、より辛抱強くならなければならない。生徒は、より楽観的になったり、挫折に抵抗を感じたりするようになれば、自分で学習目標を再設定するようになる。時間が経つにつれ、生徒が設定する目標は、大人が望んでいるものに近づいていく。

長期的に見れば得るものは少ない。生徒が目標達成や成長に向かって進むためには、学びと望む結果が学習習慣と行動で決まることを理解し、自ら学びのオウナーシップをもつ必要がある。

生徒のオウナーシップを促進している教室文化では、教師が生徒を押したり引いたりして、強制的に学習させることはない。教師は、生徒自らが学びに意義を見いだすことを手助けしているだけなのだ。自分が設定した目標に向かって学習することは、誰かが押したり引いたりすることとは正反対となる。つまり、自らが回転する車輪になるということだ。もちろん、挫折したときに使う言い訳といったこともなくなる。

すべての生徒には難しいかもしれないが、学ぶ方法や目標を設定する責任を生徒（反抗的な生徒も）自らが手にすると、学習目標を達成するためにより積極的に取り組み、より努力をするようになる。

学びの責任を生徒に移行すればいい加減な目標を設定してしまう、と考える教師もいる。しかし、教師は、生徒が設定する目標が発展することを信じ、より柔軟な考えをもち、より辛抱強くならなければならない。生徒は、より楽観的になったり、挫折に抵抗を感じたりするようになれば自分で学習目標を再設定するものだ。時間が経つにつれ、生徒が設定する目標は、大人が望んでいるものに近づいていくはずである。(18)

学習の過程と同じく、適切な目標設定には時間を要する。もし、教師が焦って強制力に頼ってしまうと、生徒の乗っていない車を押したり引っ張ったりすることになる。あるいは、押したり引いたりすることに疲れ果ててしまい、目標にたどりつくことができなくなる。

生徒が学校生活を送っている間、教師は絶えず、生徒のオウナーシップを引き出す機会を提供すべきである。学びに対して主体的に取り組めるような文化を構築する必要が教師にはあり、そのような文化を経験する生徒は個人的な価値を見いだすことになり、挫折に対して強い抵抗力を見せるようになる。

協働的に学ぶ

生徒が学びのオウナーシップをもつと、見せかけの努力ではなく、確実により積極的に取り組むようになる。ノートを取ることが求められる講義形式の授業において、黒板に書かれたことを書き写し、見せかけの努力をすることは簡単である。また、教師は教えなければならない内容に気を取られているため、生徒が学んでいるのかどうかについて見極めることができない。しかし、生徒が学びのオウナーシップをもつと何かが違ってくる。

(18)　さらには、はるかに超えることも期待できる！

私たちの経験から言えば、生徒が学びのオウナーシップをもつことによって現れる大きな変化は教室の音量であった。受動的な学習の代わりに生徒は話し合いや議論をするようになり、さらにこのような話し合いが教室を超えて教室外でも続くようになる。事実、授業の前夜に課題をオンラインで出したとき、授業前にクラスメイト同士で話し合うといった姿が見られるようになった。また、非常に熱心な生徒は、自分の課題を先に終わらせたあと仲間に教えるようにもなった。高いレベルのこのような生徒同士の交流が、私たちの協働学習に対するマインドセットも変えてくれることになった。

人生のあらゆる側面において人間は社会的であり、目標を達成するために他人と協働するというスキルを磨けば、大学でも社会でも成功することができる。しかし、幼稚園から高校の教室を見ると、このような社会的な一面は、注意散漫の原因や規律上の問題を起こすものと見なされている。具体的に教室で問題視していることを尋ねると、大半の教師が「授業中の会話やメールなどでのやり取り」と答える。逆に、生徒に学校の好きなところを尋ねると、「友達と話をすること」などといった社会的な側面がランキングの上位を占めている(19)。

生徒を観察していると、社交的な生徒が友達を助けるために課題をより早く調べて理解しようとしている様子が見られる。うるさいと思っていた生徒は、挫折していたのではなく、友達を成功に導くために手助けをしていたのだ。このように、生徒の社会的な一面に価値を置くマインドセットを受け入れることができれば、生徒の積極的な取り組みを増やすことになるし、挫折を遅らせることができる。

教師も、同僚との協働、アイディアの共有、心配事の話し合いから多くのことを学ぶものだ。職員会議における教師の振る舞いを見てみると、教室内の注意散漫と同じく、大人でも会話をしたり雑談をしているはずだ。同じ行動を教室で発見した場合は生徒を叱かっているはずだが、校長は人間関係を気にして滅多にその教師を咎《とが》めることはない。教師も、日頃のストレスを解消したり、同僚の家族について尋ねているのかもしれない。いずれにしろ、彼らの社会的欲求が満たされる機会がなければ会議に集中することはできないのだ。

生徒も、自分たちの社会的欲求が満たされていないと感じると、右の教師と同じような反応を教室でしてしまう。しかし、このような自然で社会的な衝動を教師が許すことはない。なぜなら、伝統的な学校の規範に反するからであり、その伝統ないし習慣を教師がなかなか変えたがらないからだ。

私たちは、日本やフィンランドのような共同的社会から多くを学ことができる。たとえば、グループで協働して一つの問題を解くという機会を与えたり、教師同士でお互いの授業を観察しあ

---

(19)　間違っても、「授業を受けること」や「先生と話をすること」と答える生徒はいない！

い、反省会において授業改善を目指したりする機会などが多いからだ[20]。

アメリカでも、協働学習を強調している教育機関がある。たとえば、権威あるイェールビジネス大学院では、複数の学生に同じ授業をとらせ、チームをつくるようにしている。それでは、アメリカの幼稚園から高校はどうだろうか。私たちは、それについて調べることにした。

より協働的な学びの大切さを受け入れるマインドセットがあれば、生徒がどのように学ぶのかについて理解できるようになる。そして、挫折するリスクが高かった生徒に、協働的な支援体制を提供することができるようになる。

協働とは、グループワークの意味でないことを心にとどめておいてほしい。誰もが、生徒をグループに割り振り、発表者から書記までの役割を与えるという教師を思い出すことだろう。そのように割り当てられたグループは、チームとしての協働作業に抵抗し、どちらかというと、共通のテーマについて関連したものをバラバラに振り分け、個々の作業を実行するだけとなる。要するに、効果的な協働作業とは言えないということだ。

しっかり者の生徒は、グループの評価を下げないためにもっとも大変な役割を引き受けることになる。一方、ほかの生徒にはそれほど重要でない役割が与えられ、見せかけの努力で何とか時間をしのぐことになる。たとえば、タイムキーパーは最小限の労力で活動に参加することになる。そのうち生徒は、見せかけの努力だけでいかに楽をして課題を終わらせることができるのかについて話し合いをするようになる。要約する係に割り当てられた生徒は、巧みに役割分担を調整し、自分は何もしなくてすむような流れをつくり、友達に対して「何もする必要がない」と自慢し、活動にほとんど参加しなくてよいと喜ぶだけとなる。

このようなグループワークだと、真の意味での協働にはならず、単にパズルのピースをつなぎあわせたような個々の作業でしかない。このような技法に、「ジグソー」という活動名がつけられたくらいである。[21] 伝統的とも言えるこのような活動は、課題への個人的な側面を強調している。そうではなく、生徒が本当の意味で交わりあいながら学ぶ環境をつくり、すべての生徒を学習過程と真の意味での協働学習に巻き込むように教師は努めなければならない。

一例を挙げると、グーグル社ではすべての人に均等に責任が与えられており、快適に貢献することができ、全員がグループに付加価値を与えるという文化を築いている。協働学習を日ごろからやり慣れていない場合は、こうした基準を満たすことが難しいだろう。ともに活動する代わり

---

(20) この部分は、日本の研究授業を指していると思われるが、校内研究や公開研究が本当に授業の改善に役立っているのだろうか？　QRコードのようなことを、教師を対象にしてやっていないだろうか？

(21) このような紹介の仕方だと、ジグソーを好んで使っている実践者たちからクレームが届きそうだ。

に、生徒は諦めたり、最小限の努力で課題を終わらせる方法を見つけたりする場合が多くなる。

本当の協働をするためにはすべてを網羅する必要があり、生徒の学びのオウナーシップも伴わなければならない。ただ座って受動的に学習するのではなく、生徒は学びあい、学習内容についての考えを共有し、自分の学んだことを表現するためのスキルを高める機会が必要である。

生徒が学習内容を理解していないとき、罰を与えたり、教師に質問をしに行くように強制してはならない。生徒が従来どおりに教師から学ぶか、別の表現方法で教えてくれる友達から学ぶかというのは目的ではない。生徒の学びと成長が目標であるならば、健全な教室文化を構築さえしていればさまざまな形で目標を達成することできる。

教室で協働学習をしやすい雰囲気をつくりだすようにしてから、私たちは、自然に発生する生徒の協働学習に焦点を当てることにした。グループではなくチーム(22)に重点を置き、教師主導ではなく、生徒一人ひとりのリーダーシップをもとにして自然に組織が形成されるようにしている。

不正行為に対する罰を恐れ、ためらいながら一人の生徒が私たちに教えてくれたことがある。何かというと、オンラインのチャット機能を利用してエッセイを書くという課題に関して、アイディアを共有しあっていたらしい。罰どころか、生徒が学びのオウナーシップをもち、ほかの生徒とかかわりながらアイディアを共有し、生徒全員の学習の質を上げることを目的とした本当の意味での学習に役立つ討論を行ったことを私たちは賞賛した。生徒は互いに力を出しあって、互いに教えあうことを楽しみ、それぞれが書いたエッセイをより良いものにしようと全員が一緒に学んでいたのだ。

協働に関する嫌なイメージを取り除くことによって、高いレベルの討論や生徒の相互評価を促進することができた。学習の一部として協働学習を促進することで、生徒が協力しあい、そこから生まれた強い絆が挫折につながる可能性となる障壁をなくすことができたのだ。一人で学習していたら、生徒は挫折ポイントにおいて孤独な闘いを強いられることになる。協働学習を通して、生徒がもっとも高いレベルの学びを経験してくれたと言える。(23)

時々、パントは最高の戦略になる（白紙状態に戻す）

アメリカでもっとも人気の高いスポーツはアメリカン・フットボールである。このスポーツにおいて、毎年のように全国ランキングで上位のポジションを争っているのがオハイオ州立大学のチームである。二〇〇一年から二〇一〇年まで、このチームのコーチはジム・トレッセル（Jim

(22)　ここでは、グループはただの人の集まり、チームはあるグループが何らかの目的に向かって活動をしている人の集まりを意味している。

(23)　協働学習と個別学習の違いと、それぞれをいかす方法が『「学びの責任」は誰にあるのか』で紹介されている。

Tressel）だった。彼は、チームを一〇六勝二二敗という、とんでもない成績に導いた。

トレッセルのチームは全国選手権大会にも三回出場しており、優勝経験もある。勝率が八割を超える素晴らしい成績を残しているので、ファンの心を勝ち取ったと思うかもしれないが、「トレッセル・ボール」と言われていた彼の戦術は、ファンから「とても伝統的すぎるもの」と評価されていた。

とくに、チームは強力なディフェンスと試合に負けないための用心深いオフェンスに頼っていた。実際、トレッセルのお気に入りの戦略は、ボールを相手チームに蹴り返し、オフェンスの攻撃権を放棄する「パント」というプレーだったと言われている。

この戦略は、ミスを防ぎ、チームのディフェンスをより有利な立場にする「守りのプレー」である。逆に考えれば、パントは得点を諦めるプレーであると言える。多くのファンは、パントというプレーは諦めることを示すものであり、「勝利のチャンスを逃すプレーだ」と言ってブーイングをしていた。

しかし、パントを選んだとき、トレッセルは決してチームを見捨てたり、ゲームを諦めているわけではなかった。このプレーは、チームが常に楽観主義をもつための戦略であった。不利な状況において選手が必要のないエネルギーを使っていたら、チャンスが訪れたときに全力を出すことができないと考えていた。このことを参考にして、私たちは生徒が挫折する理由を減らすために、トレッセルと同じ考え方を教室にもち込むことにした。

楽観的な人ですら、落胆するようなことが起こりえる。運転中、突如、目の前をほかの車が遮ったり、天候が悪かったり、赤信号で遅刻したりすることもあるだろう。また、仕事中に、突然Wi-Fiが使えなくなってしまったという経験もあるだろう。些細なことに感じるような出来事や状況でも、最善の努力を狂わせ、挫折につながる障壁となる可能性があるのだ。

教師がこのような非常事態をどのように扱うかによって、生徒の挫折ポイントへの到達点が決定されることになる。

予測不可能な出来事をコントロールしようとしたり、非現実的な成果を要求する教師は理不尽である、と生徒は感じるだろう。スポーツで言えば、明らかに不利な状況において無理やり攻撃をさせてしまうような場合である。一旦、攻撃権を放棄して、「パント」を挫折として捉えず、効果的な学びのために必要とされることであると捉えるマインドセットがのちに最良の結果をもたらすのだ。このような考え方をもっている教師なら、日々の授業で最良の成果を生みだすことができるだろう。

時には、生徒も白紙状態でのスタートが必要になる。生徒に課題を出すことをやめたり、質問の内容を変えたり、休憩時間を与えたりすることは、決して挫折を促している行動ではない。まさに逆で、一人ひとりの生徒を成功させようとする教師のメッセージとなり、生徒が教師を信頼している様子を示していることになる。

挫折ポイントを中心にして教室文化やマインドセットを構築していくなかで、予期せぬことが起こったときでもパントをすることで、生産的な学びを維持することができるようになる。事実、生徒の努力、集中力、学習成果は日々変わるものであると、私たちは思い出すことができるようになった。

たとえば、誕生会などの行事は教室文化に影響を与えることになるし、評価よりも楽しさと楽観性を構築するための環境づくりとなる。しかし、そのような楽しみを心待ちにしている生徒に対して、イベントとはまったく関係のない難しそうな課題を出してしまったら、挫折する可能性を高めてしまうことになる。同じく、ハロウィンのイベントとして行う「トリック・オア・トリート」（子どもがお菓子をもらうために近隣の家を訪ねること）の翌日は、生産的で意味のある学習はできないだろう。なぜなら、前夜にもらったお菓子について生徒は話をしたいからである。つまり、ほぼ毎日、知識や技能向上を図るための学びの機会があるわけだが、教師はその日に生徒がどのように取り組むのかを予測して、授業計画を立てなければならないということだ。

高校でも、同じようなことが言える。とくに、それぞれの行事の直前は、高校生であっても開始のチャイムから終わりのチャイムまで集中することは難しいものだ。ベテランの教師は、興奮状態の生徒は見せかけの努力しかできないと予測するが、このような状況でも、教師は一日の授業を放棄したほうがよいと言っているわけではない。そうではなく、パントをして、生徒が挫折しない学びの機会を提供すればよいのである。

要するに、努力をあまり必要としない課題を出して小さな学びの機会を与えればよいのだ。こうすれば、完全にシャットダウンしてしまう生徒を最小限に抑えることができるし、集中力が戻ると思われる翌日から、白紙状態に戻った生徒が積極的に取り組むことを期待したほうがよい。

教師はパントをして、生徒の挫折を防ぐために普段出さないような課題を出すこともできる。いつもと違う課題を目の前にした生徒は、課題に対する関心が高まり、より積極的に取り組むようになる。

私たちは、かつて休日をテーマにしたライティングという課題を出したことがある。冬休み前のことだったが、主張を裏づけるというライティングの課題であったため、決して簡単なものではなかった。私たちは見せかけの努力を引き起こさないように細心の注意を払っていたが、いつもと違った課題を出した結果、生徒は想像以上の努力をしてくれた。ほかの教室では授業時間を映画で埋めていたが、私たちの生徒は、誰が最高の作品を書いたのかについて議論をしていたのだ。このことを誇りに思ったことを今でも覚えている。この実践では、生産的な学びに焦点を当てていたため、長期休暇前の数日間における挫折者は以前よりもはるかに少なかった。

まとめ

本章で明らかになったことは、真の学びは正しいマインドセットがないとはじまらないということである。教師のマインドセットが、成績、得点、「正しい」答え、従順さ、受動的な学習に焦点をあわせていたら、ほとんどの学校が同じような道をたどることになる。そのような教師は、学習成果ではなく、生徒の問題行動に注目するようになるのだ。また、生徒一人ひとりのニーズに適応しようとする姿勢もなく、自分が経験した古い学校教育を再現しようとするだろう。

教師は、挫折ポイントの存在をしっかりと認識し、学びの過程にとって大切な「練習」を理解し、生徒の学習と成長に焦点を当てなければならない。このような成長マインドセットをもつことで、成績や得点に頼る必要がなくなり、生徒が学びのオウナーシップをもって協働的な学びの場をつくることが可能になる。

このようなマインドセットこそが、私たちがイメージしている生徒のための学校づくりにおけるカギとなり、教師という職業を、ストレスで充満したものから充実したものに変えてくれるカギとなる。

表３－１　練習と評価の文化に関するルーブリック

練習と評価の文化	
途上	□生徒は、学習目標はすぐに達成することを期待している。 □生徒は、間違いが失敗（落第、失格、不合格）を表すと信じている。 □生徒は、評価の成績や得点にのみ注意を払っている。 □生徒は、自分が望む成績・得点を得るためだけの学習しかしていない。
発展	□生徒は、学びにおいてはやり直しや繰り返しが必要なときがあると理解している。 □生徒は、細かい間違いや誤りをしてもイライラしていない。 □生徒は、成績や点数が自分の期待を満たしていない場合にフィードバックを求めている。 □生徒は、課題を完了さえすればよい成績を期待できると思っている。
高度	□生徒は、自分の学びを精錬して改善するために努力を続けている。 □生徒は、理解を深めるために間違いから学ぶようにしている。 □生徒は、成績や得点ではなく、評価によってどのように学びを改善できるかについて考えている。 □生徒は、成長とは、ただ課題を終わらせることではなく、学習内容を完全に習得していることであると理解している。

表３－２　生徒のマインドセットに関するルーブリック

生徒のマインドセット	
途上	□生徒は、成長できると思っていない。 □生徒は、ほとんどの課題がただの「作業」であると思っている。
発展	□生徒は、成長というのは自分の努力よりも教師の努力に基づいていると考えている。 □生徒は、課題が成績に大きな割合を占めていれば、課題が重要であると考えている。
高度	□生徒は、努力をすれば成長できると思っている。 □生徒は、課題をこなしているとき、成績に関しては気にしていない。

表3－3　生徒の学びのオウナーシップに関するルーブリック

生徒の学びのオウナーシップ	
途上	□生徒は、教師に言われたときだけやる気になって取り組んでいる。 □生徒は、教師の直接的指導のみで学習が成立すると信じている。 □生徒は、促されないかぎり質問をしない。
発展	□生徒は、学びのオウナーシップを取る前に教師の介入を必要としている。 □生徒は、学習において常に教師の監視は必要ないと認識している。 □生徒は、理解を確認するために質問をしている。
高度	□生徒は、内発的な(*)目標によってやる気を得ている。 □生徒は、個人の学習目標を設定し、それを達成しようとしている。 □生徒は、自分の学びを発展するための質問をしている。

（＊）「飴と鞭」に代表される外発的な動機づけではなくて、生徒の内から湧きでる動機のこと。

表3－4　協働学習に関するルーブリック

協働学習	
途上	□生徒は、課題に一人で取り組んでいる。 □生徒は、協働学習は利点よりも欠点のほうが多いと考えている。
発展	□教師からの指示があった場合、生徒はクラスメイトと協力している。 □生徒は、協働学習は課題をより楽にすませるために有益であると考えている。
高度	□生徒は、学びを向上するために、協働学習に自分から進んで取り組んでいる。 □生徒は、生徒主体のチームで学ぶことによる社会面・学業面での利点を理解している。

パート2

挫折ポイントを回避するさまざまな方法を使いこなす

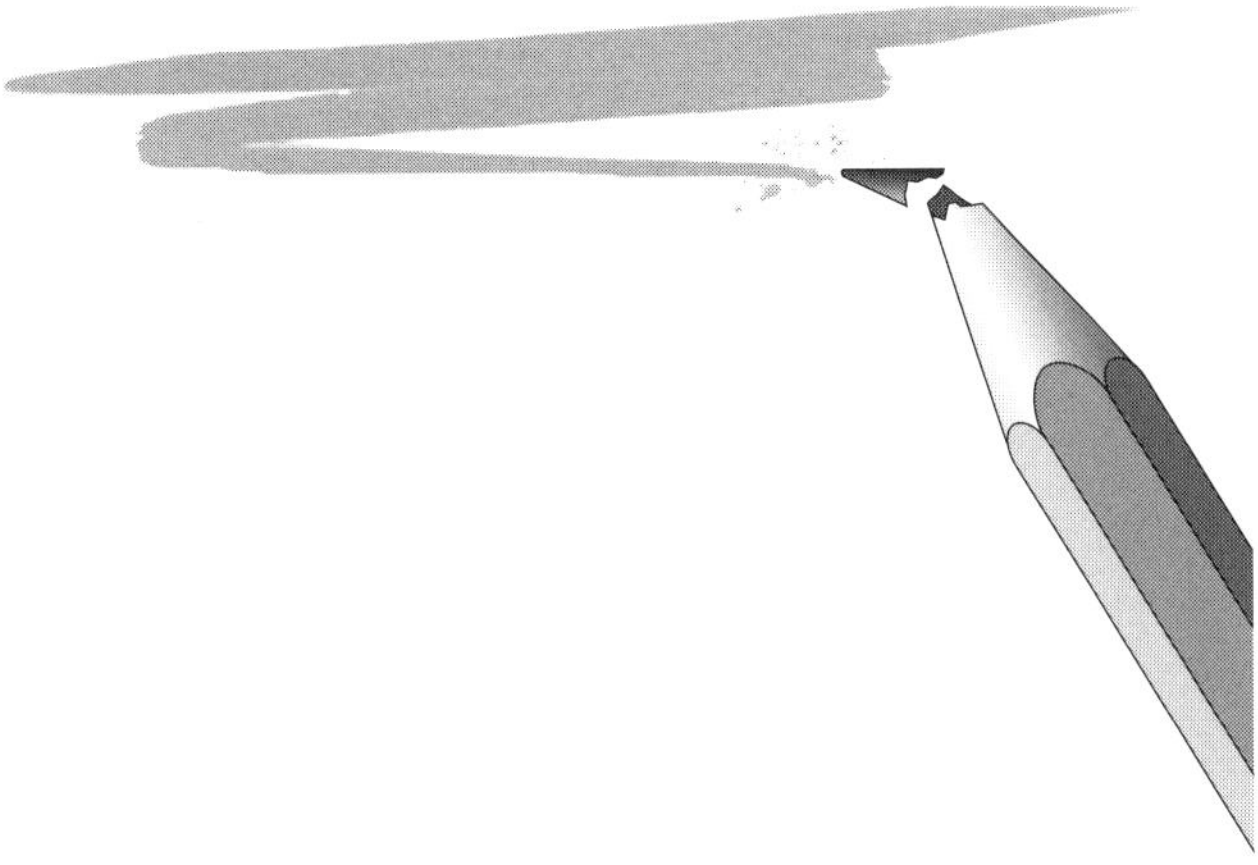

第4章

一人ひとりをいかす教え方による挫折の抑制

――計画と教材で挫折を防止する

一人ひとりをいかすということは、人間として一人ひとりのことを考えることであり、一人ひとりの行動を手がかりにその人が何を望んでいるのか、そして何より、何を必要としているのかを知ることである。
（セス・ゴーディン［Seth Godin］マーケティングの著作で知られるアメリカの著述家）

教師にとって、一人ひとりの生徒のニーズを理解することは重要である。魅力ある教材を使ったり、能動的な学習活動を取り入れたりしても、飽きてしまったり、遅れをとってしまったりする生徒を完全になくすことはできない。一人ひとりが異なった学び方をするからこそ、教師がその学び方を把握することが成功のカギだと言われている。

また、教室での成功には、学習障がい、健康状態、個人の学習習慣も影響してくる。これらの要因を見ると、すべての生徒が個別の授業計画と指導を必要とすると感じるかもしれないが、通常の授業ではそこまでできない。結果的に教師は、できるかぎりすべての生徒のニーズに対処できるだけの教育方法を取り入れようとする。

ほとんどの教師は、一人ひとりをいかす教え方について大学で学んでいるはずだが[1]、実際に実践することは難しいと考えている。その代わり、中間層にいる生徒に焦点を当てた授業計画を立てている。しかし、このような実践では教師の目が行き届かない生徒も出てくることから、その対処法として、視覚的学習者や聴覚的学習者など、個々の学習スタイルに基づいて生徒を分けようとしてしまう。あるいは、得意・不得意をベースにしてグループ分けを行ったり、成績などに基づく能力別のクラスに生徒を分けたりする。そして最終的には、生徒一人ひとりのニーズにあわせるために個別指導が必要という結論にたどり着いてしまう。

しかし、調べていくうちに、思っていた以上に一人ひとりをいかす教え方は簡単であり、意識改革からはじめればよいことが分かった。挫折ポイントの視点から考えると、一人ひとりにとって「努力」というものは異なる性質であることが認識できるようになる。この認識さえできれば、一人ひとりをいかす学習環境づくりに近づくことができる。

私たちは、生徒一人ひとりの「楽観性」、「課題の価値」、「レジリエンス」の三つを授業計画を行う際に考慮することにした。これらを高めるために「生徒のニーズをもとにした三段階モデル」を開発し、それにあわせて、一人ひとりをいかす教え方ができる設計図と教材をつくった。学習スタイルや能力に応じた教育実践ではなく、意識改革をし、挫折ポイントに基づいた一人ひとりをいかす教え方を私たちは実践したのだ。その結果、生徒が学びに対する楽観性と積極的な取り組み、そして学びそのものを促進することができるようになった。

段階をつくる（生徒全員にあう一つの教え方はない）

発熱して病院を訪れた患者全員が、とりあえず「標準」と言われる治療を受けることになったらどうなるのかについて考えてみよう。

医者が、その患者らに同じ量の解熱剤を飲ませて帰らせる。薬の量が病原菌やウイルスと闘っている間に適したものであるなら、ほとんどの患者にとっては問題ないであろう。九割以上の患者が救われることになれば、この治療法は「成功」したと主張する人もいるだろう。(2)

(1) 日本の教師養成課程に携わっている人で、「一人ひとりをいかす教え方」の必要性を認識し、かつその情報を提供している人は残念ながらまだ一パーセントもいないだろう。ぜひ増えてほしいものだ。もちろん、現職の先生方もこの方法の必要性を理解して、実践していただきたい。このあとに続く中間層の生徒を念頭に入れた指導案による授業から脱するためにも。その際、もっとも参考になるのが『ようこそ、一人ひとりをいかす教室へ』である。

これまでの教育改革には、「標準」をもとにした取り組みが多かった。標準化されたカリキュラムでほとんどの生徒がうまく学べている様子を見て、教師は自分の授業実践は「成功」したと思っている。しかし、生徒は必ずしも「成功」したとは感じていない。

残念なことだが、このような「標準」を使った方法には問題が潜んでいる。たとえば、症状を紛らわすことはできるが、発熱の根底にある病気の治療にはなっていない。病原となっているものを治療しなければ、患者はより深刻な病気にかかる可能性があるのだ。

これまでの教育改革も、この「標準」をもとにした取り組みが多かった。標準化されたカリキュラムを提供することでほとんどの生徒がうまく学べている様子を見て、教師は自分の授業実践は「成功した」と思っている。しかし、生徒は必ずしも「成功した」とは感じていないし、大学入学や就職のための手段として学校で勉強し、標準化された教育を黙認しているにすぎない。その結果、多くの教師と生徒がこの現状を受け入れるようになって、落ちこぼれる生徒の数が増えている現状にやっと気づき、標準化された教育を疑問視する人が増えてきたと言える。

標準化された授業実践はすべての生徒を対象としてつくられたものではないため、生徒が中退したり、成長しなかったりしてもとくに驚くことではない。時代背景からして、標準化された教育で成功できそうにない生徒は、出席停止や退学という形で公教育の場から排除したり[3]、補習（治療）を目的とした特別な教育プログラムなどのオルターナティブ（代替）教育を受けさせたりした。その後、教育そのものに対する考え方が発展し、障がいのある生徒や学業不振の生徒など、すべての生徒を受け入れる教育が期待されるようになった[4]。

その結果、特別支援教育の充実、生徒指導の新しい取り組み方、政府による困難校の財政的支援を含む、すべての生徒の学びを支援する教育改革が行われるようになった。このような教育改革は、より生徒のニーズにこたえた支援策であると思われていたが、標準化された教育から生みだされる問題を悪化させる原因ともなった。つまり、教室で学ぶ生徒は多様化したわけだが、すべての生徒の学びを支援する教育方法が確立されていなかったため、無関心な生徒が目立つようになったということである。

教育を進めていくなかで、勉強ができずに無視されてきた生徒のために数々の教育プログラムがつくられてきたが、残念ながら、思うような効果を生みだすことはできなかった。この事実を知った私たちは、挫折ポイントの考え方を焦点にして、本書で提案する段階別のモデルを利用しはじめた。

まず、生徒一人ひとりを正確に理解するため、課題の価値と楽観性の要因を中心にしてモデルをつくり、その後、そのモデルが柔軟に使えるかどうかを確かめた。すると、生徒の能力が向上

（2）医療の「標準治療」の否定ではない。「標準治療」＝「エビデンスが確立されている治療」の否定とは異なる。
（3）一般的には、公教育とは別の理念をもって運営されている教育ないし学校の総称で、日本では「不登校の子どもが通う」というイメージが強いかもしれないが、欧米では「モンテッソーリ」、「イエナプラン」、「フレネ」、「シュタイナー」、「サドベリー・バレー」などがあり、すでに公教育に取り入れている国もある。
（4）これについては、『生徒指導をハックする』がとても参考になる！

し、学習習慣も改善され、達成できる目標を生徒自身が設定できるようになった。さらに、一年間で一段、二段と上っていくという生徒も出はじめた。

しかし、このような現象を、このモデルをベースに説明することができるのかどうかについて確かめる必要があった。そこで私たちは、生徒の学習習慣、やる気、そしてピーク時の能力をもとにして、段階別の課題や評価方法を設定することにした。結果的に、中間層の生徒だけではなく、生徒一人ひとりに学びの機会を提供する際の学びの成果、教育的な介入、学習動機の説明もできるだけのモデルとなった。

段階別のモデルにしたのは、生徒に順位を付けるためではない。このモデルは、生徒のレベルにあわせて、適切な学習課題を提供するために使っている。これによって、生徒は能力には関係なく課題を達成できると思うようになり、安心して取り組んだり、チャレンジしたりするようになった。

年度初めに、生徒ができる・できないこと、学習に対するやる気、そして個々の挫折ポイントを把握し、この情報（データ）をもとにして、生徒一人ひとりが必要とされる教育的支援を明らかにした。一旦、生徒の基本的な能力と挫折への危険性を見極めると、その生徒がどの段階で何を学ぶことがベストなのかを決めることができる。

モデルに基づいて、生徒を三つの段階に分けた。第一段階は、年間の学習内容を順調に習得できないと思われる生徒、第二段階には、年間の学習内容を順調に習得し、次の学年に問題なく進めると思われる生徒が分類される。そして第三段階は、年間の学習内容を高いレベルで習得し、興味関心が強くて理解も深く、より高度な学びから得られるものが多いと思われる生徒となる。

それぞれの段階は、できることやできないことを示しているわけではなく、生徒のニーズにあわせて一年の間に上がったり下がったりする。また、各段階は教師にとって、生徒一人ひとりの多様なニーズに関する理解を深めたり、生徒の挫折を減らしたりする際の手助けにもなる。

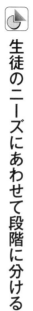

生徒のニーズにあわせて段階に分ける

第一段階

第一段階に当てはまる生徒は、どの課題に対してもあまり努力をしない生徒である。積極的に取り組まないため、ほかの生徒に比べて能力が低いこともある。段階別に分けることで、このような生徒が挫折する要因に焦点を当てながら、学習に対する到達度と能力の向上を目指すことができる。

また、第一段階に当てはまる生徒は、学習に対する努力レベルが常に低いので、ほかの生徒よりも楽観性が低い。楽観性が低ければ生産性も低いため、学び得るものが少なく、遅れがちにもなる。このような悪循環に陥り、成功することが不可能となると、生徒が自己暗示をかけるようになってしまう。また、目標を達成する期待の低さから教師への過度な依存が生まれたり、問題行動が目立ったりする。よって、生徒の問題やニーズが認識しやすく、彼らを適切な学習段階に分類しやすくなる。

第一段階に分類された生徒は、授業の早い段階で挫折する。深刻な状況の場合、教室に入る前から挫折していることもある。教育委員会や学校の管理職によって、教師が使うべきもっともよい指導方法とされている「発問」、「学習目標」、「指示の出し方」が、第一段階にいる生徒にとっては挫折を加速させることもある。なぜなら、生徒はこれらの言葉を聞くだけで学習についていけないと感じてしまうからである。

楽観性の低い生徒は複雑な指示が理解できないため、教師の手助けがないと学習が進まない。彼らにとっては、教師が提示した学習目標は、ほかの生徒より自分はできないという気持ちを強めるリマインダー（思い出させるもの）でしかない。

意欲的に取り組まないため、どの活動を行っても目標を達成することはめったにない。自分の目標が何なのかさえ分からない生徒が多いため、活動の目標を問いただすと、「いい成績をとるため」とか「自分がやるべきことだから」と、教師が聞きたいと思う応答を返してくる。なかには、教師の知らないうちに、挫折することを目標に掲げている生徒がいる場合もある。いずれにしろ、授業に参加する気がないので目標を達成できるはずの生徒も苦戦することになる。

このような第一段階にいる生徒の場合、生産性の低い学習と意欲的に取り組まない学習という組み合わせが高いレベルに進む際の妨げになっている。

学習に取り組む前に、まず教師は、生徒が挫折する原因に対処しなければならない。教師が生徒の学びに対する反応をよりポジティブな状態にもっていくことができれば、早い段階でプラスの影響を与えることができる。つまり、生徒の楽観性を少し高めることで課題の価値を高めるという効果があるということだ。前向きな状態で授業を開始するかどうかは、生徒が努力するかどうかの決め手ともなる。

第二段階

第二段階にいる生徒は、第一段階の生徒と比べると楽観性の欠如はなく、学習に対する努力量もそこまで低くはない。しかし、この段階の生徒は、点取りゲームを中心とした「学校ごっこ」のやり方をすでに会得しており、学びに対して熱心に取り組み、積極的であるかのように見られることが多い。

彼らは、学校において順調に成長しているかのように見えるため、個別指導をあまり必要としなかったり、特別なサポートを受けたりすることが少ない。そのため、第二段階に分類できる生徒が懸念される行動を見せないかぎり、生徒が示す従順さがゆえに、たとえ生徒が見せかけの努力をしていたとしても教師がそれに気づくことはない。

教師は、第一段階にいる生徒には多くの時間とエネルギーを割く必要があると分かっているが、第二段階にいる生徒に対しても、見せかけの努力や挫折を防ぐためのサポートが必要であることを忘れてはいけない。

第一段階にいる生徒が目立ちすぎるため、第二段階にいる生徒が挫折しかけていることに教師が気づかないことがよくある。第一段階の生徒がよくやる「先延ばし」や「注意散漫」は授業開始時に起こり、早急な介入が求められる。その結果、授業の中盤で挫折しそうな第二段階にいる生徒を見落としてしまうのである。

第二段階の挫折ポイントは、彼ら自身が設定している達成目標に到達するであろうと自信をつけたところでやって来る。この時点で、彼らは必要最低限の学習しかしなくなり、未完成の課題を提出しはじめる。

教師が第二段階にいる生徒の挫折に気づかなければ、生徒は見せかけの努力をしはじめる。また、ほかの生徒と違った挫折の仕方をするため、この段階にあった介入が必要になる。もしかすると、挫折したとしても課題を終わらせているかもしれない。しかし、成長のために必要なスキルや知識をその課題から得ていないことが多い。したがって、教師は見せかけの努力をしはじめた瞬間を見逃さないように観察し、生徒が成長するための動機づけをしなければならない。

第二段階にいる生徒の多くは、外部から動機づけられることが多い。つまり、賞罰や報酬、そして欲しいものなどを目的にしており、それによってやる気を引き出している。そのため、成績や得点が伴わない課題に対して価値を見いだすことができない場合には苦労する。

外発的な動機づけによって目標を達成しようとするため、彼らは教師の指示のなかでしか努力をしようとしない。また、深く考える課題や想像力を必要とする課題が出されると、率先してやる気を見せることはないし、達成感や報酬が彼らの期待に添えないものだとやる気を失ってしまう。さらに、計画どおりに進まないとき、自分に対してよりも教師にその原因をなすりつけることがよくある。

彼らが挫折するときは、さらに努力をしようとする前に、課題や評価方法の公平性に不満を訴える可能性が高い。したがって、第二段階にいる生徒の学習状況を改善することが重要となる。つまり、積極的な取り組みの大切さを分からせる前に、個人の目標をもたせたり、内側からやる気を掘り起こしたりしなければならない。内側から動機づけられる生徒は、興味や好奇心からやる気が引き出され、学習そのものが楽しくて好きとか面白いと感じたりするものだ。

適切なフィードバックとサポートを提供することで、教師は小さな成功を大きな成長に変えることができる。まずは、生徒に見せかけの努力をさせないことからはじめよう。

第三段階

第三段階にいる生徒を特定するのがもっとも難しい。教師の期待を上回る学びをしているため、学校はとてもよい学びの空間であると感じている生徒が多い。

彼らは、第二段階にいる生徒のように、学校生活が順調に進むことを楽観的に考えている。また、これまでの学校生活における経験で成功を重ねてきたため、学業に対する自信ももっている。しかし、この成功体験があることで、教師からのフィードバックとサポートに不快感を表す場合もある。

ほかの生徒より有能であると評価されてきた彼らは、肯定的なフィードバックに慣れており、好ましくない結果や訂正されることを避けるという傾向がある。第二段階の生徒は成功するために教師の指示に従うが、第三段階の生徒は教師の指示を無視し、自身の成功体験や能力だけで成功できると過信している。

この独立心は、時に創造性を伸ばす手助けになるが、教師との対立や課題がうまくいかなかったときは挫折するきっかけともなってしまう。彼らは、これまで教師のサポートなしで成功してきたため教師の手助けを必要としないケースが多く、その結果、挫折することを選んでしまう場合もある。そのため、ほかの生徒よりも苦労するというケースが生じる。

毎年、幼稚園から中学校まで成績上位で突破してきた生徒を見ているが、彼らは学習内容が少し難しくなった瞬間に挫折する。第三段階の挫折は、第一段階の授業開始時や第二段階の授業中盤における挫折に比べると予測するのが難しい。自分自身やクラスメイトに、より少ない努力で課題を終わらせられることを証明するために見せかけの努力をする場合もあれば、エネルギーをその課題ではなく別のことに費やし、課題を回避するということもある。

第三段階にいる生徒は、自立した状態で動けることに自信をもっている。この自立心が、すぐれた学習成果につながるか、教師が認識しづらい挫折につながるかを左右することになる。そのため、彼らが望む自立を制限しないという支援が必要となる。生徒の自立を尊重することで、生徒は学びに対する責任をもてるようになり、挫折につながる障壁を回避することが可能となる。

第三段階にいる生徒の学習に対するやる気は内側から引き出されているため、教師が意図的に授業の目標と生徒の目標を結びつけない場合、生徒は自分の目標を優先してしまい、学びが疎かになってしまう。

教師との葛藤や権力争いを避けるため、個々の目標を優先する形で、できるだけ自由に学べる環境をつくる必要がある。また、必ずしも成績優秀者と

ユニットを計画する際、学びを通して成長する機会を提供し、挫折を避けるために、すべての段階にいる生徒のニーズや不安感を考慮する必要がある。

表4－1　生徒一人ひとりの目標と障壁を把握し、効果的な段階分けをする

	生徒の特性
第1段階	学年の習熟度で学ぶのがかなり困難であり、楽観性が低い。学習状況がよくない結果、著しく遅れをとっているためにレジリエンスも低い。学習に取り組むことが少なく、努力量が不足しており、学びの機会がかなり失われている。典型的な外側からの動機づけに対しても、あまり反応を示さず、学習は自分にとって利益にならないと感じている。
第2段階	学年で期待される習熟度に到達できる能力を示し、計画どおりに学習が進む。平均的な成績を取る自信があり、自分の学習は問題なく進むと思っている。生徒の努力量で、さらに可能性を伸ばして成長するのか、しないのかが決まる。ほとんどの場合、生徒は目標を達成するために教師の明確な指示を必要とする。
第3段階	生徒は期待されている習熟度以上の成果を出す。常に高いレベルでの成功を収めているため、周りの生徒より学業に対する楽観性は高い。レジリエンスは、学びと関連した挫折の経験が少ないため、第2段階の生徒よりも少し低いかもしれない。より高い成果を出したり、学年で期待される習熟度以上の成長をしたりするには努力がカギとなる。生徒は、個人の目標を達成するという内発的な動機があり、その目標と授業目標とが重なったら積極的に取り組む。

は言えないので、学習活動に価値を見いだせなければ学習成果が上がらない可能性もある。

　よい人間関係を築き、生徒個人の目標を知ることが、第三段階にいる生徒の挫折を回避する第一歩となる。

　生徒との相互理解と信頼関係があれば、第三段階にいる生徒の楽観性と彼らが好む自立的に学びを深めるための学習環境を与えることができるが、逆に教師と生徒が対立関係にある場合は挫折が頻繁に起こることになるだろう。

段階モデルを利用した授業づくり

それぞれの段階の理解が深まれば、授業づくりにとって、①楽観性の構築、②フィードバックの促進、③自立した探究、の必要性が明確になる。生徒中心の学びを促進し、挫折を遅らせたり防いだりするために、この三つをもとにユニット(5)や授業を計画する必要がある。

学びを設計・目標達成を計画

テクノロジーを利用してあらゆる情報(6)にアクセスできる世の中に対応するため、最近の教師は、生徒の高度な思考、深い知識、創造性の育成をこれまで以上に重視するようになった。これにあわせて私たちは、さまざまな深さや複雑さを取り入れた学びの設計図をつくっている。とくに、

---

(5)　教科書を資料や教材の一つとしての位置づけを明らかにするため、本書では「単元計画」ではなく「ユニット計画」を使う。なぜなら、一つの教材で（それが教科書であっても）三つの段階の生徒を満足させることはできないからである。また、三つのまったく異なるニーズを満たす複数ルートの授業を最初から計画する必要があることも意味している。

各段階にいる生徒の学習支援や教育的な介入を計画するのに役立っている。まずは、一人ひとりが成長できる機会を提供し、挫折を引き起こさないように、各段階のニーズや不安感を考慮して計画をはじめる必要がある。

「カリキュラム・デザイナー」と呼ばれるマクタイ（Jay McTighe）とウィギンズ（Grant Wiggins）は、著書『理解をもたらすカリキュラム設計』（西岡加名恵訳、日本標準、二〇一二年）[(7)]において、「逆向きに授業を計画する」ことを提唱している。この考え方に基づいた授業計画では、生徒に到達してほしい目標の設定から授業を計画することになる。

目標が定まったら、次に、生徒がその目標にどのぐらい近づいたのかを評価できる方法と基準を決める。その後、この二つを意識しながら、教師がこの目標と評価方法を満たすために学習する内容（スキル、教材など）と展開を決めるという順番になる。比喩的に言うと、「旅がはじまる前に目的地を知ること」である。この形でユニットやそれぞれの授業を計画すれば、目標達成に焦点を当てることができる。

私たちは、各段階にいる生徒のニーズにあわせて、「逆向き設計」を応用して学びを設計している。最初に、総括的評価を定めるが、評価方法を決める際、学習内容をただ思い出すだけという低いレベルの思考ではなく、より高度なレベルで思考が働くように設計している。このような目標達成の計画になっておれば、生徒一人ひとりのニーズを満たす学びを設計するのにも役立つし、生徒の潜在能力を最大限に発揮させることにもつながる。

三段階モデルをベースに学びを設計すると、育成をしたいスキルに関連した知識の深さを各段階にあわせた目標設定となるので、一人ひとりをいかした授業実践が可能になる。また、生徒にあわせて段階的にスキルの発達を目指すことができれば、ユニット全体を通して成長を強調することにもなるし、各段階にいる生徒のニーズに焦点を当てることで、生徒がもっとも挫折しそうな瞬間を想定した授業計画をつくることができる。

ある学会に参加したときの話だが、ほかの参加者と学びを設計する可能性について議論をした。その話し合いの中心となったテーマは、第一段階にいる生徒を明らかにするための質問項目をつくることができるかどうかだった。驚いたことに、誰もが頭を悩ませたが、今までつくってきた

---

(6)　これら三つは日本でも言われていることだが、理解が足りないせいか、教科書をカバーしてテストをするという教え方が主流であるからなのか、実践面では軽視された状態が続いている。高度なレベルの思考とは、一般的には「応用」、「分析」、「評価」、「統合」を指している。これに対して低次の思考は暗記と理解である。深い知識とは「概念」と言い換えることができる。創造性とは、生徒たちが自らつくりだすことである。

(7)　訳者の一人である吉田は、「逆向き」ではなく「逆さま」と訳して紹介している。そのほうが分かりやすいので。通常の授業デザインは、①目標、②指導計画、③評価の順番だが、彼らが提唱しているのは、①目標、③評価、②目標と評価を同時に満たす指導計画となっている。これによって、「指導と評価の一体化」も実現する。『シンプルな方法で学校は変わる』の一六五～一七一ページを参照。

質問項目は第二段階と第三段階の生徒に偏っていたものであると気づくきっかけになった。

そこから、生徒に期待していた学びがどのぐらい一人ひとりをいかしていたのかに焦点を当てながら、私たちは過去のユニットを振り返った。残念ながら、どの生徒でも学べるようにバランスがとれている授業実践や質問項目はなかった。低レベルの知識を過度に強調したり、自立した探究の機会がかぎられていたほか、第三段階の生徒が挫折しやすいというユニットもあった。一方、より高いレベルのスキルを過度に重視していたユニットや、楽観性の低い第一段階の生徒には不利となるユニットもあった。

つまり、第一段階と第三段階の生徒に対して、成長する機会をほとんど提供できていなかったことに気づいたのである。すべてのユニットで生徒全員が成長できる学びの機会とそれにあった発問やテスト設問をつくらなければならないことにみんなが大変驚いた。

一人ひとりをいかす教え方のために、学びの調整、改良、補習、発展などを以前から取り入れていたものの、学びを設計しはじめると、教科書以外に第一段階および第三段階の生徒が学習するための十分な教材がなかったことにも気づいた。今まで私たちは、特定の知識ばかりを評価し、個別指導に慣れていなかったため、第二段階、いわゆる中間層の生徒を対象にした授業に集中してしまうという罠にはまっていたのだ。

第一段階の生徒が、授業がはじまってすぐに挫折してしまったのも無理はなかった。というの

表４－２　産業化と進歩主義のユニット計画の事例

企業、重工業、機械化農業、技術革新の台頭により、アメリカ経済は農業社会から都市型産業社会に変化した。

基礎段階	熟知段階	名人段階
農業と工場で働くことの違いを説明できる。	どのように機械が生産性を改善し、工場労働者にとってどのような問題を引き起こしたかを説明できる。	製造技術の進歩がもたらした利点と問題点が労働者と起業家にとって同じではなかったことを見極めることができる。
育成したいスキル ＊知識（学習内容）の識別ができる。 ＊定義づけができる。 ＊例を挙げられる。	育成したいスキル ＊知識（学習内容）の比較ができる。 ＊解釈ができる。 ＊因果関係を認識できる。	育成したいスキル ＊知識（学習内容）の関連づけができる。 ＊統合ができる。 ＊分析ができる。

（＊）このサンプル計画は、ユニットのねらいを個々の生徒にあった目標達成ができることを保証している。異なる習熟度の生徒は、自分にあった方法で学んだことを示せるようになっている。

も、彼らが楽観的になれないレベルの課題を押しつけていたし、テキストの難しさや問題の複雑さから、課題を見た瞬間にほぼ全員が挫折していたのだ。それにもかかわらず、出していた課題はユニットの総括的評価に向けた学びとなっていたし、無意識に試験問題を第二段階と第三段階にあわせていたため、すべての授業がどの生徒も成長できるようなバランスの取れたものにはなっていなかった。

目標達成をもとにした授業づくりをすることによって、私たちはこのアンバランスを確認し、生徒一人ひとりにあった評価を計画することができるようになった。つまり、この目標達成の計画を導入したことによって、授業の焦点がより学習者中心のものになったということである。そして、生徒を挫折させるさまざまな要因を排除するのに役立った。

私たちは、学びを以下の三点で設計している。

❶一年間を通して身につけてほしい知識（学習内容）と育成したいスキルをもとにする。
❷積みあげる形で知識とスキルを習得できるようにする。(8)
❸学習内容の基準が重なりあうようにする。

これによって、授業づくりを生徒一人ひとりにあわせられるようになった。学校がはじまると、教師は日々の忙しさに追われて、授業づくりに十分な時間が割けなくなってしまう。つまり、採点、会議、個別指導、そのほかの校務分掌《こうむぶんしょう》などがあるため、より質の高い計画を敬遠し、楽ではあるが、あまり効果がない授業をしてしまうということだ。しかし、私たちが提案する設計図を利用すれば、準備が整い、その日その時に支援を必要とする生徒に授業の焦点を当てることができる。たとえば、第三段階にいる生徒が挫折してしまいそうな日は、探究的な学習などに重点を置くようにするということである。

要するに、設計図があることでバランスのとれた評価方法が保証できるほか、生徒にあった柔軟な授業実践もできるということだ。

授業計画――日々与えたい楽観性

通常の授業計画なら時間管理に焦点が置かれている。そして、授業中は教師が教室を巡回し、生徒の取り組み具合を観察する。目指すのは、その日のために設定した学習目標を達成することである。このような授業を見学したら、活動の量や教師の活気で効果的な学びが提供されていると見なすかもしれない。しかし、挫折ポイントの考え方と各段階にいる生徒のニーズを理解するようになった私たちには、このような一般的な授業計画には重要な要素がたくさん欠けていることが分かった。

教師には、授業で生徒の楽観性を高めたり、見せかけの努力から抜けだすための支援を行うという役目がある。学びそのものにおいては、生徒が自分でコントロールしていることと自立性が尊重されていると感じられるようにすることが大切である。これらを考慮していない授業計画だと、教師と生徒の授業に対する努力と取り組みは比例しない。挫折につながる要因に注意を払わなければ、教師の努力だけでは生徒の積極的な取り組みはとうてい期待することができない。

(8)　一気に学習効果を期待せず、コツコツと知識やスキルを身につけられるようにする、という意味。

生徒のニーズを優先するためには、授業を「楽観性の構築」、「フィードバックと成長」、「自立した探究」の三要素で設計することが大切となる。毎日、楽観性に焦点を置きたいものである。スキルがまだ足りないと思っている生徒、課題が自分にとっては難しいと思っている生徒など、すべての生徒が成功できるという気持ちをもって教室に入ってほしいものだ。

とくに、第一段階の生徒が楽観的な気持ちで授業をはじめられるようにすることが大切である。彼らは、授業の序盤が複雑になった場合、いとも簡単についていけないと感じてしまうため、最初の課題は、個人または協働で全員が達成できるものにしなければならない。その日の目標に向かう学習状況をつくっていくためには、授業開始時の五分から一〇分を利用して、まずは生徒の楽観性を高めていくことが必要となる。

授業でもっとも重要な部分は、フィードバックを与えている時間となる。(9) 私たちが目的にしているのは、生徒の成長と積極的な取り組みを促進する学習活動である。とくに、学習内容を理解することよりも、課題を終わらせるために見せかけの努力をするという習慣をもつ、第二段階にいる生徒に有益なフィードバックを提供することが大切である。たとえば、生徒の解答に対して、明確性を要求したり、ユニットを通して身につけてほしい語彙を利用するように促したり、裏づけとなるテキストの引用を求めたりするのだ。

すべての生徒に対して段階に応じた適切なフィードバックを与えると、生徒は挫折を回避し、学習目標に対する積極的な取り組みを見せてくれるようになる。また、素早くフィードバックを直接[10]与えると、生徒はより積極的に取り組むようになるため学びの質と量が高まり、生徒を挫折から遠ざけることができる。

自立した探究は、授業構成の終盤に置く。目指すのは、生徒が自分の学びをコントロールする時間を与え、個人的な経験とその日の学習目標を結ぶという機会を与えることである。こうすれば、内発的な学習動機がある第三段階にいる生徒にとってはとくに有益な学びとなる。彼らは、教師の選んだ題材よりも自分自身の興味・関心を優先することができるので、授業終盤では、探究、画像や動画といったマルチメディアを利用した学習や発表活動などを行うとよい。

第三段階にいる生徒が自立的に学習している探究の時間に、第一段階にいる生徒などは教師か

（9）このフィードバックを中心に据える形で、生徒の挫折を極力回避している教え方・学び方が実際に存在する。それは、ライティング・ワークショップ（作家の時間）とリーディング・ワークショップ（読書家の時間）だ。QRコードの文献を参照。現在、この教え方を他教科に応用するプロジェクトが進行中で、『社会科ワークショップ』が刊行されたほか、近々、『数学者の時間』と『科学者の時間』が出版されるのでお楽しみに！　なお、この教え方・学び方は、次ページの探究そのものとも言える！　それは、探究のサイクルを回し続けているからである。『だれもが科学者になれる！』『教科書では学べない数学的思考』『歴史をする』を参照。

（10）対面または書き言葉でという意味。

らきめ細かいサポートを受けることができるので、探究の時間はどの段階にいる生徒にとっても効果的である。生徒を信用し、学びの責任を与えることによって、能力の高い生徒との間の摩擦を減らすことができるほか、彼らの挫折も避けられるのだ。

また、第三段階にいる生徒は自由に自己表現する機会を好み、教師が求める方法に対して抵抗を感じるときもあろうが、[11] 教師が生徒の興味・関心に対して聞く耳をもつ姿勢を見せるだけで挫折を減らすことはできる。

教材をデザインする

各階段にあわせて学びを設計し、授業が生徒全員のニーズに対応できたことの確認ができたら、計画の最終ステップである教科書以外の教材をデザインし直すという工程に入る。ここでも、主要となる構成要素は、楽観性の構築、フィードバックと成長の機会、自立した探究である。念のために言うが、生徒第一の考えをもって教材をデザインすることを心がけるべきである。

指導方法や学習内容と比較して、教科書以外の教材の見た目や提示方法は些細なことと考えるかもしれない。とくに、評価、成績づけ、学習支援などに追われて、「一つ一つの教材の提示方法に凝る時間はない」と言う教師が多いことだろう。しかし、視覚的に魅力がある教材をデザインするという行為に手間をかけなければ、その課題に対する生徒の第一印象が否定的なものになるという可能性がある。このような落とし穴に注意すれば、生徒の挫折を避けることができるかもしれない。(12)

食事の楽しみが「味」にかぎらないのと同じく、学ぶ際のやる気や学習に対して積極的に取り組む態度は内側だけから湧きあがってくるものではない。料理を評価する際、料理コンテストやレストランの評論家は視覚的な魅力と表現方法も判断材料にして評価を行っている。料理が出され、見た瞬間から食事ははじまっているのだ。つまり、料理の盛り付けがいかに大きな刺激を与えているのかについて評論家は知っているということだ。

ファーストフード業界では、とくに食品の視覚的な魅力に力を入れて

---

(11)　この段階用のおすすめの本として、『プロジェクト学習とは』、『ＰＢＬ――学びの可能性をひらく授業づくり』、『たった一つを変えるだけ』、『「おさるのジョージ」を教室で実現』、『あなたの授業が子どもと世界を変える』などがある。

(12)　これは現在の教科書が最優先になっている学校を皮肉っていると理解できる。このテーマに関しては『教科書をハックする』が参考になる。

教師が視覚的に魅力のある教材をデザインする手間をかけなければ、その課題に対する生徒の第一印象が否定的なものになる可能性がある。この落とし穴に注意すれば、生徒が挫折することを避けることができるかもしれない。

いる。たとえテレビＣＭや広告などで見たものと違っていても、私たちは喜んでその食品を買ってしまう。一般的に人は、実際の見た目との違いが理由で食べ物を捨てるという挫折はせず、目で食品を味わって、そのあとに「食べたい」という気持ちにつなげていくのだ。

ほとんどの教師が、不十分にデザインされた教材を使った経験があるはずだ。たとえば、印刷の品質が悪く、小さすぎる文字で混みあったプリントなどは、一部の生徒にとってすぐに挫折ポイントに行き着く原因となる。また、視覚的な要素に否定的な反応を示す生徒にとっては、先延ばしや注意散漫を引き起こす原因にもなる。このような反応は、予想よりも努力が必要であるように感じてしまい、楽観性が低下することから起こる。

これらの教材にかかわる視覚的なマイナスは、教師が生徒のニーズよりも教師自身のニーズを優先していることから発生している。具体的には、より速く、より効率的に教材を作成しようと思っていたり、一枚の用紙にぎっしり文字を収めようとしたり、同僚が作成したものや市販の教材をそのまま使用したりすることから起きている。

生徒はいわば私たちのお客さんであり、彼らが好む方法で学びを提示する必要があることを私たちは認識する必要がある。授業の最初に提供する「味」によって、生徒の取り組み方の度合いが決まる。課題の第一印象が生徒にとって不快なものであると、学習目標に集中することは困難になる。逆に、お客さま目線の提示方法で課題や資料を提供することができれば、普通ならストレスを引き起こしてしまうような課題でも十分なやる気を引き出すことができるのだ。たとえば、算数・数学の問題を解くのは大変だが、ワークシート一枚に三〇問ではなく三問しか書かれていない問題用紙を見ると、諦めるよりも試してみようという気持ちになる可能性が高くなる。

生徒の第一印象をより良くするために、私たちは彼らが楽しんでいる事柄を勉強し、それらをかなり利用するようになった。

ほとんどの生徒が利用しているテクノロジーから、生徒が好む提示方法のヒントを得ることができる。私たちは、人気のアプリやゲームなど、最近発売されたソフトのビジュアルを組み込むことからはじめた。まず、ごちゃごちゃしていたクラスのホームページを、スマホ画面に似たシンプルなレイアウトに変えた。幼児でさえスマホを使いこなせるぐらいだから、似たようなデザインにすれば高校生も使いやすくなる。

教師がつくるような、課題や教材が満載となった典型的なデザインを模様替えし、六つのアイコンに置き換えた。その結果、誰でも簡単に操作し、使いやすいクラスのホームページに様変わりした。それにしても、古いウェブサイトは使いづらいものだった。課題の説明を探しているふりをして、生徒が見せかけの努力をしているような環境を教師自身がつくってしまっていたのだ。

新しいホームページでは、一つ一つの説明などが簡単に探せるように工夫した。クリックするアイコンが六つしかないため、「課題やその説明にたどり着くまで、多くても五回しか間違える

図４－１　六つのアイコン

（＊）クラスのホームページを、スマホやタブレットなどのテクノロジーを日常的に使用する生徒が慣れている見た目をシンプルにし、挫折を防ぐデザインに変えた。

ことはないよ」とよく生徒に対して冗談を言ったものだ。

すべての授業がこのホームページではじまる。しかし、生徒第一のデザインはこれだけではない。一つ一つの課題についてもこの考え方を応用した。たとえば、オンラインで課題をさらに見やすいようにデザインを行っている。

普段、私たちが見慣れているテキストは、縦長のレイアウトで印刷されており、幅が短く、天地が長くなっている。このレイアウトは、生徒が使用しているテクノロジーに対応していない。テレビ、パソコン画面、スマホは、すべてワイドスクリーンに設計されている。課題の提示方法を、このように生徒が見慣れている形にあわせた結果、挫折する生徒の数がすぐに減った。生徒は、課題を確認するために何度も上下にスクロールする必要がなくなり、「ワイドスクリーンのほうが好きだ」と話してくれた。

また、ソーシャルメディアで見るようなシンプルで質の高い提示方法も真似をした。たとえば、文章を枠で囲むなど、小さな変更だけでも生徒は挫折しにくくなるのだ。こうすると、本文と設問の区別がしやすくなり、生徒に対する指示も明確になる。

このようなシンプルなデザインは、日常生活で生徒が見るものと同じ形で提示されているのでメリットが大きくなる。課題が見やすくなったことで、第一段階にいる生徒の楽観性を高められるようになった。

課題の長さも変更し、生徒の挫折を抑制した。最低限の問題数で生徒の学びを把握することが目標だと先に述べたが、課題が長ければ長いほど、見せかけの努力を促したり、挫折するリスクを高くしてしまう。繰り返し練習することは、新しい知識を学んだり、スキルを身につけたりするために大切だが、課題のもっとも重要な部分ではない。私たちは、繰り返し行われる必要がある課題を数日に分散させ、生徒が各課題に積極的に取り組めるように工夫をした。

この方法で、生徒の繰り返される問題に対する認識が大きく変わった。一例だが、同じねらいとなっている算数・数学の問題をいっきに三〇問解くことは、生徒にとっては疲労がたまり、退屈な作業でしかならない。しかし、複数の課題にその問題を分散させ、毎日、基本問題を一問目で解けるようにすれば、生徒が既習の学びと新しく出された問題の関係性を簡単に認識することができるので楽観性が高まることになる。学習内容を繰り返すという目標は従来のものと同じだが、私たちが使用した方法は違うということだ。

視覚的な工夫は、課題に取りかかろうとする生徒の楽観性を高める簡単な方法である。第一段階の生徒にとっては、課題をはじめようとするときに挫折が発生しやすい。そのため、彼らを念頭に置いて、楽観性の構築ができるデザインを考えるべきである。本文と画像を組み合わせたり、小さなステップに分けて問題を提示したりすることで、生徒が課題に対する苦手意識をもたないように心掛ける必要がある。

また、見た目をより効果的にするため、どのように改良すればよいのかについて生徒から教えてもらうようにしている。教師が生徒からのフィードバックに基づいて授業改善を行っている様子を目の当たりにした生徒は、生徒主体の教室文化に価値を感じるようにもなる。

それ以外にも、必ずクラスメイトや教師から学びに対するフィードバックがもらえるような授業場面を設けている。開かれた質問を利用し、生徒の学びに対する理解を深めたり、スキルを高めたりする機会もつくっている。また、教師からのフィードバックとクラスメイトとの協働学習を通じて、生徒の学びの質を高めることを目標にしている。見せかけの努力をして学んだことではなく、生徒がどのように学習を改善したかを把握することで、もっとも質の高い学びが見えてくるのだ。

このように学習改善に焦点を当てたフィードバックを与えると、生徒はより積極的に取り組むようになり、挫折する可能性が低くなる。なぜ挫折する回数が減るかというと、生徒は初めから完璧な解答を教師が期待していないことを知り、自らの学習を改善するためのフィードバックを求めるようになるからである。

フィードバックは短く、すぐに提供することが大切である。たとえば、生徒に答えを言い換えさせたり、例を出してもらったり、類推や比較をしてもらったり、以前の学習内容や経験と関連づけたりする。これらを、教師から言われなくても生徒自身ができるまで同じフィードバックを繰り返す。そして、それができるようになったら、新しい知識やスキルに焦点を置くようにしている。

年間を通じてこの過程を繰り返し、徐々に知識やスキルの定着を目指すわけである。この過程を通して、生徒はより協働での学びの大切さが分かるようになり、協働学習のスキルも高まる。つまり生徒は、教師から与えられたフィードバックと同じようなフィードバックを生徒同士で与えあうようになり、助けあいながら学んでいくようになるということだ。

すると、ある生徒が授業で苦労しているときや何か分からないときにサポートできる人が増えてくる。その結果、生徒が目標達成できないと思ったときはクラスメイトに助けを求められるようになり、挫折を回避することができるということだ[13]。

すべての生徒が、すべての課題において教師の期待にこたえられるとはかぎらない。時々、生徒がほかの授業や休み時間に直面するあらゆる出来事や障壁によって、私たちが用意した楽観性を高める課題の効果がかき消されてしまうこともある。また、スタミナがない生徒、協働学習に取り組むことに価値を見いだせない生徒、フィードバックと成長の機会を受け付けない生徒がいるかもしれない。(14) これらの生徒を挫折させないために、自立した探究ができる学びの機会を与えるようにしている。

このような方法は、目標達成に苦しむ生徒のための支援策になるほか、マンネリ化した授業ルーティンを変えるためにも有効となる。その目的は、学びの質を高めるよりも、少しでも何かを学んでもらうことである。挫折ポイントの位置にいる生徒に難しい学習目標の達成を期待してしまうと、失敗や諦め、挫折に追いやってしまうことになる。それよりは、せめて授業に関連する何か一つでも学べたほうがいいはずだ。

まとめ

授業のどの部分でも、生徒のニーズに配慮した三段階モデルを取り入れることができる。たとえば、学習目標と育成したいスキルのバランスをとるために計画を練ることができるし、授業の流れや生徒に出す課題の見直しもできる。

三段階モデルの一部を取り入れるだけで、挫折を回避することができ、生徒一人ひとりをいかす教え方がより行いやすくなる。私たちが作成した段階ごとの実践方法やフィードバックの与え方を**表４－３**として掲載したので参考にしてほしい。

(13)　生徒同士のフィードバックについて詳しくは、『ピア・フィードバック』が参考になる。

(14)　探究する学びについては、一二九～一三〇ページを参照。

表4－3　学びを設計するためのチェクリスト
（一人ひとりをいかす教え方をふまえて、生徒の能力と挫折ポイントを考慮し、各段階での学びを基に設計するためのチェックリスト）

第1段階のチェックリスト	□本文に画像をつけて理解を補助している。 □問題を解きはじめる前に手順をヒントとして与える。 □三つのR「リデュース（減らす）・リユース（再使用する）・リサイクル（再利用）」の考え方を使っている。 ・問題数を減らしている・制限している。 ・基本的な概念や問題を1回だけ出すのではなく、何度も再使用している。 ・達成した課題を次の課題の背景知識として再利用している。 □課題の主目的を理解するための発問を用意している。 □クラスメイトと解答や意見を共有する活動を用意している。 □クラスメイトの意見を言い換える活動を用意している。
第2段階のチェックリスト	□新しいテーマを学ぶための思考ツール(*)を用意している。 □手本となる解答を示す活動を用意している。 □比較と詳述を強調する活動を用意している。 □学習内容を日常生活の経験とつなげる活動を用意している。 □クラスメイトの取り組みや成果の質をより高めるやり取りやサポートができる活動を用意している。 □生徒同士で学習内容の理解を深められる活動を用意している。
第3段階のチェックリスト	□例示やたとえを挙げる活動を用意している。 □創造する自由を強調できる活動を用意している。 □事例研究や学習内容の深掘りができる機会を提供している。 □自分の学びを評価したり、順位づけたりする機会を提供している。 □ディベートをしたり、学習内容に根拠づけたりする機会を提供している。 □生徒同士でサポートやコーチングをする活動を用意している。

（＊）思考ツールは、効果的な教材だが、本末転倒にならないように、注意する必要がある。思考ツール自体はあくまでも手段であって、それは目的ではないことを肝に銘じるのだ。要するに、その使用の選択権は生徒にあって、教師が強制してはいけない。

表4－4　3段階にあわせて授業を計画するためのルーブリック

3段階の授業づくり	
途上	□生徒の能力に関係なく標準的な課題だけしか用意していない。 □遅れを取り戻すために補習課題を提供したり、さらに点数を稼げる発展学習のための課題を提供したりしている。 □一つ一つの課題の結果で成績をつけている。
発展	□学習が苦手な生徒にあわせて課題を変えている。 □学び方や学習成果を表現する際、多様な生徒の学習スタイルにあった形にできるプロジェクトなどの学習機会を用意している。 □一つ一つの課題を利用して生徒の能力を確認している。
高度	□生徒の能力にあわせて、一人ひとりに異なる目標や異なるレベルの期待が設定できる課題を用意している。 □補習や探究的な学びのために時間と選択肢を柔軟に使っている。 □一つ一つの課題を利用し、生徒一人ひとりのやる気と成長目標を決めている。

表4－5　学びを設計するためのルーブリック

設計図	
途上	□国などが定めている基準（到達目標）にあわせて学習内容を決め、従来型の評価方法しか使っていない。 □一つ一つの課題は試験の準備になるように、「繰り返し」に重点を置いて学習させている。
発展	□生徒の学びを多面的に捉えるために開かれた質問を使っている。 □試験に備えるために、毎日、質の高い学びをさせている。
高度	□生徒一人ひとりのニーズや能力にあわせたバランスがとれた評価方法を取り入れている。 □一つ一つの課題で、生徒が知識とスキルを磨き、評価でより高い習熟度の達成を目指している。

表4－6　目標達成に向けた計画をするためのルーブリック

授業の計画	
途上	□授業時間を埋めるために授業を計画している。 □教科書や市販の教材のみを使って授業を計画している。
発展	□明確な学習目標とアクティブな活動を取り入れた授業を計画している。 □学習内容をより深く学べるように、補足資料を使って授業を計画している。
高度	□楽観性の構築、フィードバックの時間、探究的な学びの促進を考慮しながら、授業を計画している。 □生徒が自ら学習内容の理解を深めるための発見や興味・関心にあわせた教科書以外の教材も用いて授業を計画している。

表4－7　教材を効果的にデザインするためのルーブリック

教材づくり	
途上	□生徒に配る教材に何も手を加えていない（市販のものをそのまま使っている）。 □答えが用意されていない教材や設問の使用を避けている。
発展	□生徒が確実に学びを表現できるように教科書以外の教材に手を加えている。 □課題のやり方に関する説明と、どのようにすれば質の高い学びができるのかについて必ず明示している。
高度	□どの課題や教材も、生徒第一に寄り添った形式で提示している。 □どの課題も生徒にフィードバックを提供する機会を設けている。

第5章

評価方法の充実——挫折後に成績をつける危険性（達成可能な目標を設定し、形成的評価とフィードバックを改善する）

学びは、多項選択式のテスト答案から蓄積された情報ではない。学びは、学び手の頭と心のなかで行われるものである。

（ケン・ロビンソン卿［Kenneth Robinson, 1950～2020］イギリスの教育アドバイザー）

多くの教師にとって、ストレスの原因となっているのは成績をつけることである。成績をつけるにあたっては公平性と客観性が求められる。読者が教師であれば、机の上に広がる、採点作業を待ち構えている問題用紙の山を簡単にイメージすることができるだろう。授業の準備はそっちのけで、その山を放課後や週末に持ち帰って、作業をするという姿を想像するのも難しくはないだろう。

新任教師の多くは、自身が子どものころに経験した評価方法をそのまま真似るうえに、その方法に慣れてしまい、新しい方法で成績をつけることが億劫《おっくう》になる。何よりも、新しい方法を取り入れることによって仕事に支障をきたすことを心配してしまうので、生徒の挫折後に従来型の評価方法がもたらす危険性について認識することができない。

私たちが挫折ポイントの考え方をもとにした授業について話をするとき、よく質問されるのが成績のつけ方である。質問者は、私たちが提案する実践方法に賛同はしてくれるが、従来型の評価方法を使用することができなくなって頭を悩ませてしまう。とくに、授業の焦点を挫折防止や成長のための練習、探究的な学びにすると、一つ一つの課題に点数をつけて合計点を出すという伝統的な成績のつけ方はそぐわなくなる。

従来の方法は、生徒の不合理な行動や努力量など、挫折に影響を与える要素を考慮していないから使えない。つまり、生徒の学びに成績が悪影響を与えているという可能性があることを無視している。挫折を減らすことではなく、点数をつけることや指導案どおりに進めることに意識を向けるやり方だと、生徒が挫折する可能性をつくってしまう危険性が高くなる。

生徒が注意散漫になる原因は、教師が課題の重要性について点数や成績を強調して伝えているところにある。課題に割り当てられた点数と最終成績にその課題がどれくらいの影響を与えるのかによって、生徒は学びの度合いを変える。教師が課題によって異なる点数配分を行えば、生徒は生産的な努力を維持することができなくなってしまうかもしれない。

また、少しでも重要性が低いと感じる課題であれば、挫折を引き起こしてしまうかもしれない。目標達成のために用意した課題に対して生徒が必要性を感じなければ、教師から必要性が高いと感じさせる課題が提示されるまで、生徒はＳＮＳを使ったり、先延ばしをしたり、見せかけの努力で取り組みながら時間を潰すことになる。

成績は、生徒が一生懸命学んで培ってきた学習内容の理解度を反映しているはずなのだが、多くの場合はそのようになっていない。というのは、生徒はすべての課題に全力を注ぐわけでもないし、ほんの少しの力で課題をこなす場合があるからだ。それに、たとえ最大限の力を発揮したとしても、それが一日中続くことは稀である。

教師がこの現実を認識しなければ、意図せずに生徒の挫折を容認してしまうことになる。従来の考え方だと、成績がもつフィードバック機能は学習のできに見合った点数に限定されているので、生徒は教師からもらった点数を言い訳にして挫折を正当化してしまう。

たとえば、いつもなら配点が二〇点の課題があるユニットで、ある日、同じような課題の配点が五点になっていれば、生徒はその課題の重要性が下がったと感じて見せかけの努力をしはじめる。逆に、教師が生徒のやる気を高めるようとある課題の配点を一〇〇点にしたとしても、いつも五〇点しか取れない生徒は、最初からやる気が出ないために挫折してしまう。

成績は、生徒の学びをある程度表しているかもしれないが、生徒の学びだけでなく、生徒の「点取りゲーム」としての「学校ごっこ」をうまく切り抜ける能力も表していると言える。私たちはこれを問題として捉え、生徒の学びをより正確に評価するために必要とされるものが何なのかと考えた。とくに、成績表に並ぶ数字や一つ一つの課題につけた点数ではなく、生徒の学びを正確に把握できるものが必要であると気づいた。そして、「成績」ではなく、以下の三点を重視した「評価」が必要であると結論づけた。

❶学習に関する情報
❷フィードバック
❸振り返り

それ以降、教師と生徒がともに「学習に関する情報」を得られる課題をつくるようになり、点数ではなく、学習における質の向上に集中した「フィードバック」を生徒と共有するようになり、単に課題を完了したかどうかではなく、「振り返り」と「成長」を促すようにした。

このように、学びは協働的で、評価は教師と生徒の対話ツールとなるべきである。生徒とのコミュニケーションおよび挫折ポイントにプラスの影響を与えるために、私たちは点数というものを排除し、学びに関する情報とフィードバックに評価の焦点を当てることにした。

教師がまず理解しないといけないことは、課題の途中のどこで生徒が挫折したかということである。生徒が挫折する前に示す学びは、本来の力が明確

成績は、生徒の学びをある程度表しているかもしれない。しかし、生徒の「点取りゲーム」としての「学校ごっこ」をうまく切り抜ける能力も表していると言える。

に表されている。しかし、挫折したあとは違う。挫折したあとに点数をつけることに労力を使うより、その生徒が真剣に取り組んでいるときに評価するほうがはるかに効果的である。(1)

　もちろん、それは簡単なことではない。満足できない解答が、さらなる学習が必要だからなのか、挫折したあとに自分の知識を示すのをやめてしまったからなのかについて確実に見極めることはできない。しかし、実際に努力から得られた学びと挫折後の学びとの質的な違いを認識することで、正しい解答や課題の完了だけに焦点を当てたような評価は明らかに間違っていると気づける。私たちがこのように評価方法を変えた途端、生徒の知識やスキル、そして理解度の深さについてより把握できるようになった。

　それだけではなく、評価方法を変えた私たちは、数字や文字で成績をつけていた時期に比べて、学びに関する情報をより的確に伝えられるようになった。従来の成績は、生徒が自分の得手・不得手を把握できなかったうえに、どこをどのように伸ばせばよいのかについても分からなかった。

(1)　ライティングワークショップ（作家の時間）の教師と生徒のカンファランスは、まさにこれを実現するために行われている。生徒が作品を提出したあとに教師はがんばって添削したり、成績をつけたりしても、それをいかして提出した作品を書き直す生徒はいない。生徒のなかでは、すでに提出した段階ですべてが終わっているからだ。したがって、このやり方では、①学習に関する情報は、教師は得られても生徒が得られているとは言いがたいし、②フィードバックや③振り返り機能はまったく果たしていないことになる。

また、自らの成長をどのように表現するのかについても不明確だった。

それよりも、生徒が成績ばかりを気にしているため、どんなに価値のあるフィードバックを教師が与えても頭に入ることがなかった。どのように学びに向きあえば成長できるのかについて生徒に知ってほしかったので、生徒との対話の質を上げるため、私たちは学習行動に特化したフィードバックを与えることにした。私たちが行った新しい実践は、学習に関するやり取りを変えるきっかけになり、生徒にプラスの影響を与え、挫折防止につながった。

形成的評価

成績（総括的評価）に重点を置きすぎると、教師が伝えようとしているほかの情報が生徒の耳に入っていかない。点数は学びを促進するための大切なやり取りであるはずだが[2]、成績や点数などをもらったら、生徒は次の課題に取り掛かるタイミングであるとしか考えていない。というのも、教師は生徒の学びを改善することなどは考えておらず、ただ記録するためのものとしか成績を捉えていないからだ。

生徒のほうも示された成績を確認し、その成績を維持したり上げたりするために、点数がつけられる次の課題に意識が向いている。言い換えれば、成績は「挫折しても大丈夫」というサインであって、一旦成績がつくと、その活動を通じて学ぶ機会は終了した、という意味になる。

私たちが目指す形成的評価は、スポーツのコーチや音楽教師のやり方に近いものである。学びが終わってからではなく、途中経過を観察することに焦点を当てている。こうすることによって、生徒が学びに費やす努力とエネルギーを高める際に私たちの評価が役に立つ。学びの途中に得た助言は、生徒自身が次にやるべきことの理解につながる。よって私たちは、点数によるフィードバックではなく、生徒の学びを改善するための情報を与えることにした。

コーチや指揮者は、選手や演奏者にフィードバックを与えたいとき、何日も待つようなことはしない。なぜだろうか？　不思議なことに、教師だけがいつもそうしている。

コーチや指揮者は選手や演奏者を常に評価し、練習を改善するために、集中したフィードバックを練習中に与えている。たとえば、野球のピッチャーであればリリースの瞬間、バスケットボールの選手だと守備のフットワーク、演奏家は呼吸に集中して練習するようにといった指導を受けている。また、コーチは、この時点で選手が能力を最大限に発揮していないことを知っているので、この時点で成績をつけるといった馬鹿げたことはしない。

コーチは点数を与える代わりに、のちの試合結果に影響を及ぼす要素に集中して、練習できる

（2）本当に、そうかな？

ような手助けをしている。この考え方を強調するために、私たちは「練習」という言葉を使って生徒に「評価」を説明している。

私たちは、生徒の学習行動を観察し、その時点での学びを評価し、その生徒がもっとも必要としていることにフィードバックの内容を集中させている。すると生徒は、そのフィードバックで自分自身の学習を改善するために自ら評価を求めるようになってくる。挫折を避けるために、私たちはこのタイプの評価（集中したフィードバック）を使うことにしている。

フィードバックを利用して生徒の積極的な取り組みを促すために、評価を「学習内容（Content）」、「スキル（Skill）」、「深い理解（Depth）」の三つの観点に分けている[3]。そして、学習内容、スキル、深い理解に関する評価を使って、点数による評価よりも、学びをさらに促進するのに必要とされる情報を生徒に提供している。

念のために言うが、生徒が六四点という数字を見たとき、それが必ずしも学習の改善につながるとはかぎらないということをふまえておく必要がある。点数がもつ不明瞭さという原因もあって、生徒は教師のコメントや添削を確認しないで挫折してしまうことがあるのだ。

実際、私たちが評価方法をこのように変える前、テストや課題に書いていたコメントは読まれることなくゴミ箱に捨てられていたことが多々あった。今は、学習内容、スキル、深い理解という観点からフィードバックを与えているため、学習の改善に向けた明確な目標が示されているので、生徒は挫折することなく努力を続けるようになった。

私たちは「学習内容」、「スキル」、「深い理解」を、最終的な学びの成果として平均点を出すために扱っておらず、相互に切り離せない学習の過程として捉えている。具体的には、まず生徒全員がどのユニットでも「学習内容」の理解を示すことから取り組む。次に、「スキル」に学びの焦点を当て、理解を示しているその「学習内容」を多面的に表現できるように取り組む。そして最後に、その「学習内容」と「スキル」をしっかり習得している生徒はより高度な思考をはじめ、「深い理解」を目指す取り組みを行うようになる。

生徒の学びはこのような形で連続して進むが、生徒一人ひとりのペースは異なる。一つか二つの課題だけで「学習内容」の理解を示す生徒もいれば、ユニットの最後までかかる生徒もいる。数値や記号などによる成績表示をしていないので、生徒は厳格に教師が計画したペースで進むというしばりがなくなり、自分のペースで学び続けることができる。

一つ一つの課題でとった点数ではなく、生徒の学習状況をこのような連続した形で把握しようとしているので、各ユニットに複数の課題を用意して、生徒一人ひとりの学習を異なる方法で評

---

(3)　通常、この理解は、知識レベルではなく、概念レベルの理解や八五ページの注(16)に示したより高次の思考力を使った理解を指す言葉として使われている。

価している。すると、高い目標を達成しそうにない第一段階にいる生徒でも挫折しなくなる。また、第二段階と第三段階にいる生徒も、意味のない作業と感じてしまう学習をしなくてもよいので、自立的な学びやプロジェクト学習に取り組むことができる。その結果、言うまでもなく挫折することが減る。

フィードバックをこのように三点に集中させるやり方に方向転換したことによって、毎日、生徒の学びの深さをより的確に把握することができる(4)ようになった。クイズやテストの結果に限定せず、形成的評価を使い、一つ一つの課題で生徒の学びを評価したほうが効果的である。この方法をとると、リアルタイムで生徒の学びが観察できるようになるため、生徒が挫折する前後に示す学びをより理解することが可能となる。また、予測できない、不合理な行動が原因で達成できなかった学習目標に対して提供する学習支援も、より効果的なものになった。

私たちはフィードバックを、たとえば学習内容の理解不足は新出語彙の理解不足がもたらしていると強調したいときや、先延ばしや注意散漫などといった挫折のきっかけになる行動を認識したときに利用している。

> **クイズやテストの結果に限定せず、形成的評価を使い、一つ一つの課題で生徒の学びを評価したほうが効果的である。この方法をとると、リアルタイムで生徒の学びが観察できるようになるため、生徒が挫折する前後に示す学びをより理解することが可能となる。**

その結果、生徒も挫折したあとに問題行動を起こすことなく、学習目標に集中することができるようになった。つまり、形成的評価は指導の改善にも役立ち、生徒の挫折を減らしてくれたということである。

学習内容

「学習内容」を評価するとき、私たちはユニットの主題と新出語彙、そしてそれについて生徒が適切な事例を使って表現できるかどうかに焦点を当てている。たとえば、文系の科目なら「戦争がはじまった理由」や「テキストの主題（教材として利用している本文がテーマにしている物事）」など、理系科目では「同類項をまとめる」や「仮説を検証する方法」などの具体例を示しながら、説明できるかどうかを評価の対象にしている。

各ユニットの導入で生徒は、主題を確実に理解するために学習をする。生徒がその主題について説明できるようになれば、次に新出語彙と主題をつなげられるように学習する。そして最後に、生徒がユニットの新出語彙を使えるようになってきたら、学びの証拠として具体例を挙げた説明

（4）多様な形成的評価の方法を知りたい方は、『一人ひとりをいかす評価』が参考になる。

ができるように学習する。

この流れを通して、生徒一人ひとりが学習過程のどの位置にいるのかを把握することができる。また、学習のペース配分も明確になり、挫折を避けるための情報も手に入れることができる。とくに第一段階の生徒は、断片的な知識を記憶することが求められていると知れば、すぐに逃げだしたい気持ちになる。しかし、主題、新出語彙、具体例などのキーワードを使ったフィードバックを与えられれば達成目標が明確になり、学習不足などによるいら立ちを起こさずにいられる。たとえば、理解していない部分ではなく、すでに知っている知識を用いて分かったことを説明するように指示を出せば、生徒は自分の学びに対してより楽観的なマインドセットを維持することができるので挫折を防ぐことにつながる。

生徒が「学習内容」の理解を何らかの形で示すことができたら、この段階での目標達成と見なす。言い換えれば、フィードバックを受け取る前に、生徒が適切な語彙と具体例を使って「学習内容」を伝えることが学習目標であるということだ。

また、「学習内容」を習得したと見なされた生徒は、教師と同じレベルでクラスメイトをサポートすることができる。私たちは、生徒同士のやり取りを聞きながら、自立的に学習できているのか、クラスメイトをサポートすることができているのかについても把握するようにしている。そうすれば、自立的に学べる生徒と挫折する可能性が高い生徒をペアにすることもできるし、これ自体が貴重な教育的介入の一つとなる。生徒同士のほうが同じ目線で助けあうことができ、学習からのストレス軽減にもつながるからだ。

この「学習内容」の段階で高いレベルの習得を確認することができたら、その生徒に与える集中したフィードバックは「スキル」に焦点を当てるようにしている。それでは、「スキル」について見ていこう。

スキル

学びを表現する際、そこに「学習内容」が反映していないと思われる生徒には、「スキル」に集中したフィードバックを与えるようにしている。つまり、生徒の表現が不完全で、まとまりがなく、不明瞭なときに「スキル」に焦点を当てるのだ。その際、生徒が幅広い学びを自分なりにまとめることができたり、表現したりする能力を高めたりすることを目標にしている。

これらの期待には、語彙を分類したり、因果関係の説明をしたり、うまく構成されたエッセイで理解を表現したりする能力が含まれる。このように、「スキル」は一部の生徒には手の届かない範囲にまで及ぶかもしれないが、とりあえず「学習内容」を習得しているので、生徒は挫折ではなく、与えられた目標を達成するために粘り強く学習するといった傾向がある。

生徒が自分の学びを共有することができるようになれば、より包括的な学びに取り組む準備ができていると見なし、より高度な思考と深い知識をねらいとした練習をはじめることができる。「スキル」を習得している生徒は、フィードバックを受ける前により高度な「スキル」を活用してクラスメイトの学びを支援することができる。

このような生徒は、自身の学びをまとめたり、クラスメイトのために学習目標を明確にしてあげたりすることもできる。たとえば、生徒がユニット主題をもとにした対話活動をリードすることができたら、その生徒はより高いレベルでの自立的な学びに進むことになる。それだけに、「スキル」をすでに習得している生徒が見せかけの努力を行うことを回避するために、より深い学びができる学習環境を提供する必要がある。

さて、生徒が「スキル」を習得していると判断したら、次の集中したフィードバックは「深い理解」に焦点を当てることになる。

深い理解

まずは「学習内容」を押え、次に「スキル」を身につけた生徒はさらに上を目指し、適切な成長目標に取り組めるようにしている。それを可能にするために、つまりより積極的な取り組みが促進できるようになるために、学びの深さと複雑さに焦点を当てたフィードバックを行っている。

この段階での集中したフィードバックでは、生徒がほかのユニットの「学習内容」を関連づけたり、個人的な経験とつなげたり、さまざまな論点や考えを自分なりに評価できるようになれることを意識している。すでに「学習内容」と「スキル」を習得しているので、「深い理解」を促進するフィードバックを与え、興味をもっているテーマの探究ができるように心掛けている。

焦点は、第三段階にいる生徒の自立的欲求を満たすための支援に当てている。この場合は、学習がより多くからより深くにシフトすることになる。「深い理解」を促進するフィードバックは、生徒がより深い学びを実現するためのヒントとなるものだ。同じ到達目標を何度も繰り返すだけでは挫折の可能性が高まるので、学びに対する期待感をより多く与えるフィードバックが必要になる。

これらの生徒は、記憶力を試されるような発問なら簡単に答えることができる。そのため、彼らの積極的な取り組みを維持することも考え、教師はより複雑でより高度な発問を利用したほうがよい。これまでの繰り返しとなるような低次レベルの課題は退屈だし、作業として扱われてしまうので、やはり生徒の挫折につながってしまう。また、生徒が学びのオウナーシップを感じられればより効果的である。このように、学びを自分のものにできているかどうかを判断するために、生徒自身が学びについて振り返る力があるかどうかを見て評価している。

「深い理解」を目指している生徒から教師が学ぶことも多い。私たちの経験では、アメリカ作家のヘンリー・デイヴィッド・ソロー（Henry David Thoreau, 1817～1862）の『市民の反抗』とディズニー映画のあるテーマが似ていることや、あるテレビゲームが学習しているユニットの主題を表していることなど、教師が知らないことを教えてくれることが多かった。言ってみれば、生徒は学びを深めるために「学習内容」と日常生活を関連づけているということだ。

　時には、「学習内容」を生徒がその時期に頑張っていることや苦労していることに重ねることができる。生徒の個人的な経験や生活をいかし、「学習内容」を自分自身にかかわるものとして取り組めるようになれば、より複雑でより「深い理解」を示すようになる。そのうえ、生徒が興味をもっていることを教室にもち込むことができるので、挫折する可能性は低くなる。

　応用課題や発展課題のような「深い理解」のねらいがある学習では、「学習内容」や「スキル」と同じレベルのきめの細かいフィードバックは必要としない。与えられた複雑な学習目標を生徒が理解すれば自立的に学ぶようになる。最初は本人しか分からない「学習内容」と実生活とのつながりかもしれないが、信頼すれば次第にそのつながりが明白になる。

　とにかく、教師の役割は彼らの邪魔をしないことである。彼らは「学習内容」の基点から外れたような学習をしているように見えるかもしれないが、たとえそうであったとしても、必ず戻ってくると信じてほしい。

私たちの経験上、生徒自身がコントロールしている学びは、産業革命時における冷蔵車両の役割を学習したり、アニメ『バットマン』の悪役とフランス革命の類似点を表現したり、動植物の学習をポケモンのアプリで行ったりするなど、クラスメイトだけでなく教師の学びまでも豊かにしてくれるものである。

評価方法を見直す必要は分かるが、成績をつけないといけない

上述の評価方法に対して、どのようにして成績をつけるのかという疑問をもつことだろう。これらの評価方法を実践している私たちも、同じように成績を入力することが求められている。もちろん、成績に加えて、「クラスにいてくれて助かっています」、「周りの生徒の気を散らすことが多いです」などのコメントを添えて保護者に送らなければならない。

しかし、教科ごとにつけるアルファベットや学習態度を評価するコメントに果たして意味があるのだろうか？　生徒たちは、その成績とコメントを学習の改善にどのようにつなげていくのだろうか？

従来の成績のつけ方ではなく、私たちは「学習内容」の習得度と到達目標に準拠した評価に基づいて成績をつけている。最近では、従来の成績のつけ方よりも身につけたことを生徒が実際に

証明するといった形の評価を強調しており、私たちが提案するような新しい方法を受け入れている学校が増えてきている。なかには、「教師が成績を捨てる」という、成績の完全撤廃を目指している教師団体も立ちあがっていると聞く。

しかし、私たちには学期末に成績を出すことが求められているので、成績を完全に捨てるという選択肢はない。その代わり、生徒に成績をつける際、習得度に関しては「学習内容」、「スキル」、「深い理解」の三つに基づいたフィードバックに頼っている。また、到達目標に準拠した評価は、総括的評価を使って、その到達目標を達成しているかどうかを判断するようにしている。ちなみに、総括的評価を受けられるかどうか（あるいは、成績がもらえるか否かの判断について）は、毎日の授業で用いている形成的評価において決めている。

このように、生徒の個別化された評価によって、「到達目標」という狭い範囲の学びを超える学び、そして成長につながった。したがって、成績は生徒の「学び」を反映するようなものになった。つまり、成績は、単純に課題の完成度の平均点ではなく、学習経験を集約したものとなったわけである。

私たちは、評価も学びもプロセス（過程）であると考えている。つまり、積み重ねていくものである。成績は学習過程の一部にすぎないと意識し、懲罰的なものとして生徒が恐れるようではいけない。挫折する前の学びに焦点を当てることによって教師は、生徒の学びに関するより質の高い情報を集めることができる。すると教師は、間違いをペナルティーにすることはなく、学びに集中したフィードバックを与えることができ、生徒を学習改善へと導くことができる。

スポーツ、芸術、ビジネスの世界では、個人のパフォーマンスを単一の点数で評価していない。教師も、もっと有意義な評価をするべきである。「今までそうやってきたから」という理由だけで従来のやり方を受け入れる必要はない。勇気ある教師には変化をもたらす力がある。その変化のきっかけとなるのは、評価のやり方と学習過程の捉え方である。

まとめ

「評価」こそが、生徒がよく学ぶため、そして教師がよく教えるためのカギである。[5] 生徒を挫折させず、プラスの影響を与えるために「評価」は使われるべきである。そのためにも、まず「評価」と「成績」を区別することが大切となる。

懲罰的なイメージがある「成績」ではなく、有益な性質をもっている「評価」に焦点をシフト

(5)　長年、日本においてはこの事実を活用できない状態が続いている。本書だけでなく、『一人ひとりをいかす評価』、『成績をハックする』、『テストだけでは測れない！』、『ピア・フィードバック』なども参考にして、評価をより良い学びと教える際のカギとして活用していただきたい。

しなければならない。「評価」を学びに関する情報を集めるツールとして利用し、その収集した情報をもとに教師と生徒が学びの質を上げるための対話において利用するべきである。

「評価」に関するこのような考え方は、有意義なフィードバックを与えるための出発点でもある。これを生徒の学習改善につなげたい。従来のやり方で課題などに点数を与えて「成績」をつけてしまうと、生徒の学びがそこでストップし、学習を改善しなくなる。「学習内容」、「スキル」、「深い理解」という三つの観点に基づいたフィードバックを提供することで、生徒自身も学習をどのように改善すればよいのかについて理解できるようになり、挫折する可能性が低くなる。

さらに、教師が「成績」ではなく「評価」に重点を置くようになると、生徒の楽観性と課題の価値が高まり、挫折することが少なくなる。

表５－１　教師のためのフィードバック・ルーブリック

	フィードバック
途上	□教師は、アルファベットなどの記号や数値を利用してフィードバックをしている。 □教師は、課題の完了のあとにフィードバックを生徒に与えている。 □教師は、点数や成績の根拠を示すためにフィードバックを与えている。
発展	□教師は、アルファベットや数値と一緒に学習の改善に向けたコメントを添えてフィードバックをしている。 □教師は、即座にフィードバックを与え、生徒はそのフィードバックを次の課題に利用できるようにしている。 □教師は、できが悪くて苦労している生徒に焦点を当てたフィードバックをしている。
高度	□教師は、生徒の個々の成長目標に基づいてフィードバックを与えている。 □教師は、生徒が学習の改善をするため、学習の途中にフィードバックを与えている。 □教師は、すべての生徒がより深いレベルの理解を実現するためにフィードバックをしている。

表５－２　教師のための成績づけルーブリック

	成績
途上	□教師は、基本的に課題が終えたかどうかをもとに成績をつけている。 □教師は、生徒が課題を提出したことを示すために成績をつけている。
発展	□教師は、クラス平均の習得度をもとに成績をつけている。 □教師は、生徒が目標を達成しているかどうかを示すために成績をつけている。
高度	□教師は、生徒一人ひとりの習得度をもとに成績をつけている。 □教師は、生徒が目標を達成するために、どのように学習に向かえばよいのかについて反映した成績をつけている。

第6章

生徒をエンパワーするのは教室の文化と雰囲気[1]

——チーム、リーダー、ゲーム的要素を取り入れて挫折を回避

子どもに園芸の機会を与え、やりたいようにやらせよう。立派な植物を育てるより、自分でやってみることが大切。

（リバティー・ハイド・ベイリー［Liberty Hyde Bailey, 1858～1954］アメリカの植物学者）

生徒は教室に入り、チャイムの合図で席に着き、教師からプリントを受け取る。プリントをもらいながら説明を聞いているデビンは、スマホのゲームに夢中になっている。「スマホをしまいなさい」と教師に注意されたが、無視をした。教師が横に立って声をかけたが、デビンは反応すらしなかった。

このような権力闘争が繰り広げられる環境では、学習目標を達成することはできない。デビンは学びに取り組む以前に、挫折ポイントを乗り越える必要がある。このままだと、教室の雰囲気に悪影響を与え、デビン以外の生徒まで挫折する可能性が高まるため、教師は自らの言動に慎重にならなければならない。

たしかに、教師が教室で対応しなければならない問題は数えきれない。しかし、このような問

題を解決することがもっとも難しいかもしれない。教師は、次の方法を理解することからはじめ、さらに実践できる能力を身につけていく必要がある。

❶権力闘争を避ける方法
❷生徒に期待していることを明確に伝える方法
❸ポジティブな人間関係を築く方法

たとえ、教師が教室によい雰囲気を築くために最善を尽くしたとしても、予測できなかった生徒の行動で衝突は起こりえる。生徒自身が行動を制御することは難しいと思っている教師が多いため、教師自身がすべての責任を負わなければならないと感じてしまう。一見すると、大人が権威をもつことは合理的なことだと思うかもしれないが、生徒を管理しようとすると状況は悪化することになる。

では、生徒自身が学びをコントロールし、自分で責任をもつようにエンパワーされれば教室の雰囲気はよくなるのだろうか？

（1）エンパワーは「権限委譲」と訳せるが、教育の場面では能力開花のニュアンスも含まれている。つまり、生徒一人ひとりや集団が本来もっている能力を引き出すということである。

園児が三者面談をリードする幼稚園が存在する。しかし、読者はそれをイメージすることができるだろうか？　園児自身が学びを共有しており、保護者と教師の対話においてファシリテーター役を担っている。このような光景を可能にしているのは、教師が園児の能力を尊重しているという事実があるからだ。万が一問題が起これば、教師はすぐに助けに入る。学びの責任は参加者全員にあることを理解していれば、教師が一人で重荷を背負う必要はない。

残念ながら、部外者が授業を評価するとき、大人目線で教師の言動だけを評価してしまう。しかし、学びの過程を重視するのであれば、生徒の言動こそ評価しなければならない。教室の雰囲気と学習目標をすべて教師の責任にするのではなく、生徒と共有したらどうなるだろうか？　園児でも面談をリードすることができるのだから、小学校以上の生徒であれば自らの学びをコントロール（リード）することができるはずである。教師が孤軍奮闘するよりは、生徒の自立性を信頼したほうが挫折を防げるかもしれない。

私たちは、この仮説を検証するために、生徒に学びのオウナーシップを与え、生徒主体の教室をつくることにした。その結果、教師の指示を待つという受動的な学習態度がなくなり、チャイムが鳴る前からクラスメイト同士が協力したり、競ったりして課題に取り組む場面が見られるようになった。生徒同士が助けあい、お互いに力をあわせて挫折することを防ぐことができたので、この実践は成功したと私たちは考えている。

私たちは、生徒に学びの責任を与えることで権力闘争がなくなり、生徒のリーダーシップも挫折においては大切な役割を果たしていることを理解するようになった。このように、教室の文化と雰囲気を少し変えるだけで得られるものはとても大きくなる。

チームとリーダー

私たちがチームの大切さを知るきっかけになったのは、テクノロジーを活用した授業を実践しようとしたときである。日々の学習において、生徒一人ひとりがグーグル社の「クロームブック」を使っていたときだった。

当時、どの学校よりも早い段階での導入となったため、私たちにとっても生徒にとっても初めての試みとなった。そのため、生徒が困惑していた様子が目立った。幸い、コンピューターに詳しい生徒が数人いたため、問題を解決するために私たちを手伝ってくれたり、初めてパソコンに触れる生徒が学習をはじめられるように助けてくれたりもした。授業を助けてくれただけでなく、リーダーシップを発揮してくれた生徒のおかげで授業を円滑にはじめることができた。

そして、授業をより良く進めるために、助けてくれた生徒たちの役目を拡大すればさらに得るものがあるのだろうと思い、探ってみることにした。

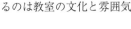

リーダーが他人の力になるためには、まず自分自身がエンパワーされていると感じなければならない。たとえば、リーダーとなった生徒が「先生に媚《こ》びを売る生徒」と呼ばれ、その恥ずかしさから挫折するといった状況を避けなければならない。私たちは、この悩みを払拭するために、リーダーを「エキスパート（専門家）」や「アンバサダー（大使）」と呼ぶことにした。

リーダーは、私たちにも問題解決の方法を教えたり、時には内向的な生徒や何か言いづらそうにしている生徒[2]の仲介役も担ってくれた。このような教室文化を築くためにも、リーダーが生徒の代表になることが大切である。もちろん、リーダー役に相応しくないと思う生徒が選ばれるというリスクもあるが、リーダーを選ぶ権利を生徒に与えることが大切である。

驚くほど私たちの実践はうまくいった。生徒にリーダーを選ぶ権利を与えると、生徒が自発的に話し合いをはじめたり、リーダーを選出したりした。そして、リーダーに選ばれた生徒は、目覚ましいほどのリーダーシップを発揮し、クラスメイトが挫折しないようにサポートをしてくれた。

同じように、チームづくりも生徒に任せた。仲間同士が固まったり、能力差が出たり、教師になるまでに大学で学んだような現場にまつわる問題は、一切心配する必要がなかった。チームづくりにおいてもっとも大切なのは、メンバー全員がチームの一員であると感じることである。そして、リーダーに選ばれた生徒が、チームの成功に関する責任をもつことである。

仲間同士や能力差がないように教師がグループをつくり、学習手順を一つ一つ決めれば授業運営にとっては効果的に見えるかもしれないが、生徒をエンパワーしていることにはならない。私たちの経験から言えば、生徒がエンパワーされていないグループワークは見せかけの努力や挫折につながる。また生徒は、メンバー構成や与えられた役割に対して不満を述べたり、優秀な生徒がすべての責任を受け持ったりするので、グループワークを嫌がることにもつながる。

私たちがチームを導入した目的は、このようなグループワークを避けるためであり、生徒の能力を伸ばすためであった。そのため、生徒にチームづくりを委ねたわけだが、三人から一〇人のチームが自然につくられていった。

生徒をよい方向に導くため、チームとリーダーに二つの期待を伝えた。一つは、学習内容に関する質問以外はメンバーに尋ねてから教師に聞くことである。このルールで教師の役割も変わった。生徒自らが学びをコントロールできるようになったほか、学習の手順や指示に責任をもつようになり、手順のような手続き的な質問に教師が何度も答える必要がなくなった。

二つ目に期待していたことは、リーダーがチームの学びと成功を必ず共有することだった。このルールで生徒が話すとき、主語が「私」から「私たち」に変わり、個人ではなくチームとして

---

(2)　内向的な生徒や静かな生徒への対処法を表した『静かな子どもも大切にする』がある。

の成功を話すようになった。ここまでは実践の導入段階であったが、結果はとても興味深いものだった。

その後、生徒が自分の学びに責任をもつようになり、教室の雰囲気が驚くほど変わった。その分、私たちの苦労が減り、役割も変わったわけである。とくに、繰り返し行っていた学習手順の説明ではなく、学力向上の支援に力を入れられるようになった。また、教師と生徒の対立や権力闘争も減ったし、リーダーを絶望させたくなかったため、スマホでゲームをしていたデビンのように授業開始から挫折するような生徒もいなくなった。さらに、内向的な生徒や優秀な成績を収める生徒がメンバーを助けるようになった。

このような成果を受けて、私たちはチームを成功に導く原動力は何なのかについてさらに調べることにした。

日々の行動目標

クラスには、自然とリーダーシップが取れる生徒もおれば、それを身につけるのに時間がかかるという生徒もいる。ただ、個人の学習能力にかかわらず、どの生徒もチームとしての能力を高める必要がある。伝統的なグループワークだと、話し合いの際に生徒は教師が決めたルールに従うことが多いが、それでは生徒をエンパワーしているとは言えない。教師が決めたルールなら、結局、教師が学びの責任をもつことになり、挫折する可能性が高くなる。私たちは、生徒の自立性を確保するために、ルールではなく選択肢がある「日々の行動目標」を使うことにしている。ルールとは異なり、選択肢は生徒が学びの質を高めるための足場となる。たとえば、算数・数学の問題を解いているときにいくつかの計算式から一つを選ぶ場合と同じく、選択肢は生徒を正しい方向に導いてくれる。もし、与えられた選択肢から生徒が何も選択しなければ、それは挫折したことを表し、授業目標に興味がないことを表すサインとなる。

選択肢を生徒に与えていたら、教師は問題行動を指導する必要がなくなる。なぜなら、行動目標が生徒に何をすれば積極的な取り組みになるのかについて示しているからだ。そして最終的に、選択肢が与えられている生徒自身の学びに対するオウナーシップを維持できるだけの機会を与えることになる。(3)

日々の行動目標をポスターで掲示することにした。このように行動目標を見えるようにすることで、生徒は自身の行動が学びへの参加にどのように影響しているのか理解することができる。

---

(3)　選択の大切さおよびその多様な提示の仕方については、『教育のプロがすすめる選択する学び』がおすすめである。

ちなみにだが、ポスターにリストアップされた課題をレベル分けして提示するようにしている。そのリストには、数秒で生徒ができる「レベル1」の課題から提示している。レベル分けをすることによって、教師は生徒が授業目標に向かっているのか、挫折ポイントの位置にいるのかについて簡単に見極めることができる。

たとえば、「学びに向かう準備をする」という選択肢には、席に着く、スマホをカバンにしまう、課題の一問目を解いてみるなどがリストアップされている。リーダーの選択肢には、「メンバーが課題の内容を把握しているかどうかを確認する」とか「助けを必要としている生徒を支援する」といったリストが挙げられている。

このような「レベル1」の選択肢は、あまりエネルギーを使わなくても生徒が学びに向けて生産性を上げることができるものだ。また、選択肢は、日々の学習をより質の高いものにし、普段から高いレベルで取り組んでいる生徒にとって自立性が奪われないものともなる。

生徒の学びに対するオウナーシップの大切さを常に強調するために、私たちは「日々の行動目標」を「生徒に期待していること」として扱わないように心掛けた。なかには、私たちが提示した選択肢ではなく、独自のアイディアを使ってチームの学びに関して責任を担うというリーダーもいた。

以前、早めに自らの授業課題を終わらせ、授業中はチームの学習支援をするといった生徒がいた。彼女は授業がはじまる前に、完成した課題に対するフィードバックを教師からもらうようにして、内容をしっかり理解したあと、授業ではチームを支える役割をしっかりと担っていた。彼女には、リストアップされた選択肢から何かを選ぶようにとは強要せず、むしろチームを引っ張ってくれたことに対して賞賛した。

その後、彼女の生産的な行動を真似るリーダーが出てきたし、変わることなく、今までどおりに「日々の行動目標」に沿って学習するリーダーもいた。一人ひとりがとる行動は違ったものだが、そのどれもが挫折の回数を減らし、チームとして一体感がどんどん強くなっていく様子を私たちは目の当たりにした。

「先延ばし」、「回避」、「注意散漫」のいずれにせよ、挫折状態は学びが起こっていないことを示している。たとえば、注意散漫が理由で集中できない生徒は、授業目標を目指す代わりにおしゃべりのような自分勝手な行動をとっている。また、先延ばしをする生徒は、締め切り直前までほとんど何もしない。それに対して「日々の行動目標」は、生徒の選択肢を広げ、授業における成功体験につなげてくれる。というのも、生徒が選択肢を利用することによって主体的に学ぶようになるからだ。

一方、ほかの生徒にとっては、より少ないエネルギーで学びの質を高め、最低限の取り組みができるようになるので挫折を防げることになる。教師の役割は、生徒の学習行動を決めるのでははなく、生徒自身が学びのオウナーシップをもてるようにサポートすることである。

　チームとリーダーが徐々に行動目標の選択肢に慣れてくると、生徒の学びの質をさらに高める方法を増やす必要が出てくる。

「レベル1」の選択肢は、生徒が学習する準備ができているかどうかを示すものである。「レベル2」は、学習への取り組みや学習に対する興味を示す行動が選択肢に含まれている。つまり、見せかけの努力から積極的な取り組みにシフトするという行動をリストアップするようにしているということだ。この「レベル2」には、メンバー同士が学びの成果を確認しあったり、質を高めあったり、助けあったりする学習行動を付け加えている。

　リーダーの選択肢としては、リーダー同士がチームの学習状況を共有したり、効果的な学習方法について話し合ったりする行動をリストアップしている。もちろん、この選択肢はあくまでも「日々の行動目標」の一部であり、チームが積極的に取り組めるように、リーダーが効果的な方法を自分で見いだすときも多々あった。たとえば、あるリーダーは助けが必要と感じたとき、「タイムアウト」（八七ページ参照）というルールを導入した。そこでリーダーが教師を呼び、チームのニーズにあわせた指導を要求した。

　このように選択肢を生徒に与えることによって、学びに対する責任だけではなく学ぶという向上心をもつことになる。つまり、その日の学習にもっともよい影響を与える決定権を生徒に委譲するのは、自立性を育て、教師中心の授業とは違って挫折を防ぐのに有効であるということだ。「日々の行動目標」の導入によって、チームが成功するためにどのように責任をもてばいいのかについてもうまくリーダーに伝えることができた。また、選択肢は、生徒が挫折や見せかけの努力を回避するための手ごろなツールともなった。生徒主体になった教室では対立や権力争いが少なくなり、積極的に取り組む生徒が増えたことを私たちは目の当たりにしている。

さらに、私たちも、チームのアイデンティティー形成や成功体験を完全にコントロールできる生徒から学ぶことが多かった。たとえば、生徒が好む学びの質の高め方など、教師が思いつかないようなアイディアを考案してくれた。

何よりも、授業開始に対する取り組みの変化は大きかった。私たちの指示を待つことなく、何をすればよいのかと理解するようになり、チャイムがなる前から生徒たちは学びはじめたのだ。この成功体験によって私たちは、自信をもって授業開始をリーダーに託すことができた。これが、私たちが「チャレンジ・タイム（チームによる挑戦）」と名づけた活動のはじまりである。

チャレンジ・タイム

授業開始時こそ、教師が生徒のやる気を高め、推進力をつけるタイミングである。しかし、多くの教師は出欠をとったり、提出物を集めたり、授業の最初に行うウォーミングアップのようなつまらない作業を優先しており、大切な機会を逃している。一方、生徒は、学習以外のことで頭がいっぱいのまま教室に入り、授業開始後の数分間は重要とは思っていない。

　チャイムとチャイムの間に授業内容を詰め込もうとすることで生じる問題は、生徒がエンパワーされていると感じる教室文化を疎外することになる。チームとリーダーを導入するという試みによって学びを阻害する挫折ポイントを回避するためには、時間管理よりも生徒の自立を大事にするほうが重要であると気づいた。さらに、チームができて、ある程度成功していれば、「チャレンジ・タイム」を授業開始時に導入することが次のステップになる。

　私たちは、授業中に生徒の前向きな学習姿勢を促進するために「チャレンジ・タイム」を組み込んでいる。クラス全員が、自分は学ぶことができると自信をもって授業がはじめられるように、毎回楽観性を築き、生徒間のやり取りをスムーズにしてくれるシンプルなやり方に焦点を当てることにしている。

　生徒は、質問に答えられなかったり、授業の「つかみ」に興味をもてなかったりすると挫折する可能性が高まるが、「チャレンジ・タイム」では、生徒の学力に関係なく全員が課題を達成できるようなものにしている。そのため、即座に挫折を抑制することができる。この活動を授業内容に関連させる必要もないし、「チャレンジ・タイム」が生徒に対話・協働・創造力を働かせる機会となれば、授業をよい形でスタートすることができる。教師の役割は、リーダーに学びのオウナーシップをもつように促すだけである。

楽しいチャレンジにするために、チームの要素を利用している。その理由は、生徒を熱中して取り組ませるだけでなく、学びとは試行錯誤も大切であり、協働的なプロセスであることを忘れさせないためである。

学習内容を強調するよりも、生徒が興味をもってくれる活動やチームワークを必要とする活動を集中的に取り入れることが大切である。そして、活動目標を単純なものに設定して、生徒がチャレンジしたいと思うような気持ちの高まりが不可欠となる。

また、生徒の創造力を抑制する詳細な指示も出さないように心掛けなければならない。そうすれば、活動の目標達成のために生徒が創造力をいかしながら取り組めるようになる。目標達成の方法はチームに委ね、生徒を熱中させることに成功したら、生徒全員が挫折することなく授業を開始することができる。

ここで、忘れられない一つの活動を紹介しよう。手順がたくさんあったのでチームでしか完成させることができなかった、短時間で実践できるチャレンジの例である。個人での達成が難しいため、リーダーがメンバーにそれぞれ役割を与え、生徒一人ひとりがチームの成功のために責任を負うという活動であった。

手順のなかには、アメリカの人気歌手のファレル・ウィリアムス（Pharrell Lanscilo Williams）の名曲『ハッピー（Happy）』をメンバーの一人が大声で歌うという課題が含まれていたが、教室でもっとも大人しい生徒が大声で威勢よく歌いだした。自分の歌が原因で負けたくなかった彼は、何とかチームが勝てるようにと頑張った。その結果、彼のチームは勝利し、教室全体がこのうえなく盛りあがった。彼のチームは、困難を乗り越え、協力して取り組むためにエンパワーされたということである。

この活動は、教師が立場と権威を主張する必要がなかったので、生徒がオウナーシップを感じ、協働して取り組むという姿勢を引き出すことができた例である。この時間で実践したチャレンジは、楽しいというメッセージだけではなく、一日の学習価値を高めてくれることにもなった。

チャレンジを楽しくするもっとも簡単な方法は、生徒がもっている興味関心を活用することである。生徒が私生活において楽しんでいることを把握することで、活動の新しいアイディアが生まれてくる。たとえば、改めて集中するために、小学校で「ブレイン・ブレイクス（脳を休める）」というダンスをしたり、保育園では「シェイク・ユア・スィリーズ・アウト（体内のバカを揺らしだす）」というダンスをして遊んでいる。高校においても、歌ったり踊ったりすることは、生徒の想像力を引き出すすぐれた方法であると言われている。

テクノロジーが豊富な現代こそ、生徒が楽しんでいるテレビゲームや生徒が持っている端末スマホなどを活用すれば、より参加しやすく、より質の高いチームワークを実現することができる。繰り返しになるが、活動の目標は学習内容を学ぶのではなく学びへの推進力を高めることなので、扱うテーマは何でもよいということだ。

教師が書いているブログを読むと、流行となっているスマホ・ゲームや「ボトルフリップ（Bottle flipping）」(4)のような遊びに対する不満しか書かれていないが、私たちはこのような生徒の興味や関心事をやる気を高めるために活用している。生徒が興味をもっていることに教師が関心を見せれば、挫折につながる生徒との対立を抑えることも可能である。生徒が興味をもって楽しんでいる物事を活用した活動は、生徒にとってはもちろん、私たちにとってもストレス軽減に役立つことを忘れてはならない。

生徒がもっている興味関心をベースにした過去の活動は、動画の「チャレンジ・タイム」だった。たとえば、もっとも多い「ボトルフリップ」の連続成功数、もっとも格好いいダンスの振付け、スマホ・ゲームで最高得点を得たチームに何らかの報酬を与えるといった活動を取り入れた。このような活動では、チームがその日の課題を終わらせ、教師のオッケー・サインを得たあ

（4）二〇一六年頃に生まれた、アメリカ発祥のペットボトルを使った遊び。ペットボトルの三分の一程度まで液体を入れ、ペットボトルを空中に投げて回転させながら直立させるというゲーム。

とに動画がつくれるというルールを設けていた。

言うまでもなく、このような活動は生徒の興味をそそることになり、より積極的な取り組みを促すことになる。もちろん、生徒は、自分の才能を見せびらかすために一生懸命課題に取り組むようになる。たとえば、見せかけの努力しかしていなかったメンバーで構成されたチーム全員が、質の高い学びを示すために協働して課題に取り組んだのだ。挫折を軽減するために、生徒が私生活において熱心に取り組んでいることを「チャレンジ・タイム」という形で授業に組み込んだだけなのに、このような結果になったのだ。

チャレンジできる活動を授業に組み込むとき、個人ではなく、チームで努力して成功することを重視する必要がある。チームとして積極的に取り組んでいたり、協働していたりする様子を生徒が示していたら、チームのために貢献していることをほめなければならない。この称賛は、学習に関して肯定的なフィードバックをあまりもらえない生徒にとってはとくに励みになる。

授業開始時にもらう称賛や励ましの言葉は、学習内容に対するものでなくても、生徒にとっては挫折を遠ざける大きな要因となるのだ。その生徒からすれば、何かに対する前向きな努力を認めてもらえるということは、その後の学業面において成功につながる習慣を強化することになる。

古くさい、一般的な授業開始時の活動を「チャレンジ・タイム」に変えたいのであれば、次の三つを頭に入れておいてほしい。

・楽しめる活動
・生徒の興味や関心事を活用する活動
・生徒の努力を認める

もし、ポジティブな気持ちで授業をはじめることを目的としているならば、生徒が協働し、学びのオウナーシップをもつような活動に少しの時間を当てることがとても重要となる。最終的には、このような活動が、すぐに挫折するか、積極的に取り組むのか分かれ道となるだろう。

ゲーム的な要素

チャレンジを通じて楽しさと熱意を高めることができたら、チームづくりの最終ステップに進むことになる。それは、チャレンジする内容にゲーム的な要素を取り入れることである。遊びや創造性を強調すると同時に、チームが次に行う学習活動につなげることができる。

とはいえ、当初の目的だった、生徒をエンパワーする教室文化と環境をつくりだすという点ではまだまだ不十分である。私たちはさらに野心的になって、オンラインゲームや友人との競争に対する生徒の関心をこの活動に組み込むことができないかと考えはじめた。

現時点では、生徒はまだ完全に学びのオウナーシップをもつことはなく、人工的につくられたものでしかなかった。チームだけでなく、リーダーシップを発揮する別の場もあるのではないかと思いはじめ、もし彼らが自分の国、あるいは世界レベルでリーダーシップを発揮できる機会があればどうなるのかと考えだした。

ゲーム的な要素を授業に組み込むことは、私たちにとっても一年にわたって続いたとても長い冒険だった。このような「学びのゲーム化」は決して新しい考えではないが、昔のやり方だと、学びの成果にご褒美としてバッジやメダルをあげるというのが中心であった。たとえば、学習内容のシミュレーションがその一つである。もっとも有名なのは、産業革命を教えるときに、工場の流れ作業をゲーム化し、生徒に労働者の役を担わせ、適当に生徒を雇ったり、解雇したりするといった体験を教師がさせるという活動である。

これにゲーム的な要素を組み込むために、ケガの具合が書かれた付箋を生徒の手足などに貼りつけ、書かれている説明どおりに動きを制限するといったルールなどが付加される。このような活動の目的は、体験的な楽しいゲームを利用して、教師の説明をより理解しやすくしようとしただけである。そのため、生徒の自立性は考慮されていない。生徒は、産業革命下における工場での働き方がどれほど困難なものであったかについては学ぶかもしれないが、ゲームが楽しすぎるため、学習内容ではなく楽しかったことだけを記憶してしまう。(5)

このような活動に対して「価値がない」とは言わないが、私たちが目的にしている生徒中心の授業ではない。また、挫折につながる障壁にも対処しておらず、生徒が活動目標に価値を見いだすことができなければ見せかけの努力をすることになるし、学習への参加を拒んだりする可能性も高くなる。

私たちは、生徒が自分の学びをコントロールし、潜在的な能力を抑制しない教室をつくりたかった。多くの映画やゲームは、歴史の出来事が私たちのひらめきにつながっている。たとえば、『ダンケルク』（ワーナー・ブラザーズ映画、二〇一七年）のようなハリウッドの大ヒット映画や、『アサシンクリード』（潜入アクションゲーム）のようなテレビゲームは、冒険心や過去の出来事が人間の探求心をうまく表現しているものだと言える。

このような映画やゲームを通して、文明を形づくった人々や場所について学ぶ機会が高いと評価する人もいれば、好みのキャラクターの役割を演じたり、扮装したりして、映画やゲームのなかの世界に自分が生きているかのように想像することが好きな人もいる。

---

(5)　これはマイナスではない、という考えもある。また、このような授業があってもいいという意見もあるかもしれないが、教育の目的が知識、技能（スキル）、態度を身につけるためであることを考えると、残るものが「楽しかった」だけということにはやはり問題が潜んでいる。楽しさはいい手段ではあるが、それだけが目的になってしまっては本末転倒である。いわゆる「活動あって学びなし」になってしまう。

ここで挙げたように、歴史を娯楽として捉え、視聴者やプレイヤーが歴史そのものと一体となって楽しむという人は多い。社会科の教師として私たちは、同じように歴史的な出来事をチームによるチャレンジと掛けあわせることで、生徒がお互いに、そして歴史そのものとかかわれる機会を与えるように努めたわけである。

このような形で、目標に向かって、重要な学習題材にもゲーム的な要素を組み込むようにした。その一例として、各チームを産業革命時に存在していた会社のスタッフになるという活動を取り入れた。リーダーを会社の経営者にし、ほかのメンバーを電車の組み立て作業で競わせるために、一人ひとりに対して責任を割り当てた。教師は、完成した電車の車両数に応じてリーダーにお金を支払い、リーダーは、個々のメンバーの働きに応じてそのお金で給料を分配した。また、利益をさらに上げたり、作業の効率化を維持したりするために、リーダーには労働者を雇ったり、解雇したりする責任も与えた。

経営者としてリーダーは、ほかのチームよりも業績を上げるために、証券市場で高い実績を上げているグループに投資することを決めたり、「チート・コード」（テレビゲームで、秘密になっている機能を手に入れることができる暗号）を購入してもよいというルールも取り入れた。

各チームは、増え続ける電車の需要に対応できるように奮闘していたが、この問題を『きみならどうする（Choose Your Own Adventure）』(6) という本を読んでいるかのように、解決策についてはそれぞれが考えだすようにした。

生徒が困難な問題に直面したとき、挫折ではなく創造性を働かせることができると活動は成功する。無能なリーダーや冷酷なリーダーは、現実の世界でも授業内でも、挫折に対してかなりの影響を与えてしまう。しかし、生徒は諦めることなく、問題を乗り越えるために労働者組合を結成したり、ストライキや共産主義革命まで引き起こしたのだ。その間、私たちはチームづくりを生徒に任せ、好ましい世界が築けるようにエンパワーしただけである。生徒が問題を解決するたびに、新たな挑戦や新たな機会が生まれた。

あるチームは、怠惰な経営者を打ち負かすことを決めたとき、自分たちの決断がもたらした結果にとても喜び、同様の行動を促すメールをほかのチームに送っていた。そのメールを読んだほかの経営者は脅威を感じ、自分のメンバーに対して就業時間中の電話やメールのやり取りを制限した。冒頭で述べたようなロールプレイだと、教師の想像した結果にたどり着くための授業となるが、このような活動であれば集団の想像力を無限に伸ばすことができるのだ。

一年間を通して、工場は独特の文化をもつ国にまで発展した。それぞれがもっていた資源をど

(6)　各作品は二人称視点で書かれており、読者が主人公の役割を演じる。各ページの最後に、物語をどう進めるかは読者が選択するという内容になっている。日本では一九八〇年にシリーズの最初の六作が、学研ホールディングスから出版された。

のように配分するかを決めたり、勢力を拡大するためにほかのチームを支配したりすることもあった。時には、チーム同士の仲が悪くなり、授業中に世界紛争が勃発しそうにもなったが、この問題が理由で、国際的な戦争の根底に置かれる原因を生徒が理解するきっかけとなった。

そんななか、ある生徒が衝突を避けるために、各チームに軍縮を訴えるメールを送り、世界大戦の脅威を阻止した。逆に、教室全体（世界）を支配することを目的として、軍を増強するためにすべての資源を費やしたチームもあったが、このチームはクラスの通貨を巧みに操作し、ハイパーインフレーション（急激な物価上昇）をもたらしてしまった。

一方、残りのチームは敵対国を罰する平和条約を締結することに同意したが、まさに第一次世界大戦の終わりを告げた「ヴェルサイユ条約」（一九一九年）と同じ経験を教室において実現したことになる。

このように、生徒に選択する権利を与えれば、一見関係のないことをしているように見えても、学習内容に関して深く理解するための手助けとなるのだ。また、それだけではなく、よい教室環境づくりにもつながることになる。

かつては、歴史的な出来事を学ぶことに価値を見いだすことが生徒にとっては難しかった。やはり生徒は、自分とは無関係なことである、と感じていた。すでに読者も予想していることだと思うが、生徒とつながりのないテーマは挫折につながる頻度が高くなる。逆に、ゲーム的な要素が組み込まれた学習活動であれば、学習内容を生徒につなげるときの手助けとなる。また、難しい学習内容でも、積極的に取り組む環境を継続的につくりだす手助けともなる。すると、挫折に出くわすことなく生徒はやる気を出すようになり、学びを直接コントロールしていると感じるようになるのだ。

授業時間を有効利用したいのであれば、チャイムとチャイムの間に教師一人が頑張って教え続けるよりも、生徒をエンパワーし、遊びが含まれている学習活動を取り入れることで恩恵が受けられることを忘れないでいただきたい。生徒は、仮想空間をつくりだすための自立性やオウナーシップが与えられることで挫折から逃れられるということだ。

私たちは、見せかけの努力や授業への不参加を防ぐためにゲーム的な要素が含まれている活動を取り入れたわけだが、それによって、より高いレベルの積極的な取り組みを見ることができた。(7)このように教室文化が変われば生徒の挫折が減り、ピーク時のパフォーマンスと継続的な取り組みが増えてくるのだ。

(7)　ゲーム的な要素および生徒の興味を引く方法に関しては、『退屈な授業をぶっ飛ばせ！』と『歴史をする』がおすすめである。

まとめ

生徒の挫折を防ぐ一つの方法は、生徒をエンパワーする教室文化と環境をつくることである。生徒自身にチームをつくらせ、リーダーを決めさせることで、生徒自身にもグループをつくることに関する能力が育っていく。

また、生徒自身で学びをコントロールし、学習方法も選択できるようにしなければならない。その過程において、生徒の決断が必ずしも教師の考えと一致するわけではないが、自分自身の役割に意味を感じ、それなりの反応を示すはずである。

さらに、健全に競いあうという活動は、生徒をエンパワーする教室環境をつくる手助けにもなる。遊びや楽しさを強調する短い休憩のような活動においても、生徒の興味や関心事が優先されていると感じられるものであれば十分である。生徒が学びに責任をもつようになれば、挫折を減らすために、自らが教師を支援する側に立つといったように成長していくものだ。

表6－1　チームづくりのルーブリック

チームづくり	
途上	・教師は、個人作業を中心としたグループワークをさせるだけで、生徒が選択する機会は考えていない。 ・教師は、生徒が協働して学んでいるとき、固定化した役割を与えている。 ・教師は、学びの機会よりも規律上の問題をベースにグループづくりをしている。
発展	・教師は、生徒を管理できたり、評価できたりするグループ活動でないと安心できていない。 ・教師は、生徒が個人で活動するときよりも、生徒の努力が減ってしまうグループ活動をやらせている。 ・教師は、生徒の学びを促進するよりも、グループの方向性を修正することに多くの時間を割いている。
高度	・教師は、生徒にチームをつくらせ、生徒にすべての責任をもてるようにしている。 ・教師は、すべての生徒を助けて、彼らが目標を達成できるように、チーム・リーダーとともに協力している。 ・教師は、自身の指示なしでチームが学習できることを期待している。

表6－2　「日々の行動目標」を設定するためのルーブリック

日々の行動目標	
途上	・教師は、教室のルールを執行することによって、生徒の行動すべての責任を自分で負っている。 ・教師は、問題行動だけに注意を払っている。
発展	・教師は、生徒とともに授業目標を立てている。 ・教師は、よい行動をした生徒をほめるようにしている。
高度	・教師は、生徒が自分で学びをコントロールし、よい学習の習慣がもてるように、効果的な学習ツールを提供している。 ・教師は、生徒が学習目標を達成するために、独自の方法や前向きな教室環境をつくりだすことを認めている。

第7章

学びが中心の学校文化に転換する——テクノロジーを活用して

挫折を回避（協働学習、授業参加、学びのオウナーシップをＩＣＴツールで促進）

ツール自体を信頼するな。ツールは単なる道具であり、使えるかもしれないし、使えないかもしれない。信頼するなら人を信頼せよ。
（スティーブ・ジョブズ［Steven Paul Jobs, 1955～2011］アップル社の創業者）

数年前、私たちは可能性にかけ、ＩＣＴツールを利用した一対一の授業形態を試みた。挫折ポイントの考え方の理解が深まったのも、このように二一世紀のリソースを活用しはじめた時期であった。新しい学習ツールやリソースを生徒に与えることで、生徒がより高い成果を目指すといった、動機づけになることを望んでいた。とはいえ、「壁」と感じていたこともある。それは、とても多い教育系のアプリやソフト、機器のなかから授業目標にあうものを見つけることだった。

アプリを活用した教師の授業実践例や開発者から、直接、アプリの紹介を聞きたいと思っていた。そのため、「エドテック」（「Education」と「Technology」を融合させ言葉）系の学会に参加し、「教室を激変する一〇のアプリ」といったタイトルの発表や、生徒全員の学びの質を高めると宣伝されていたアプリの説明を聞いた。

それを聞いた私たちは、新しいICTツールを活用するだけで何とか学びの質を高めることができると思っていたし、「デジタルネイティブ世代」（生まれたときからインターネットが身近にある世代）と呼ばれている生徒も、熱意をもって授業に参加するようになると信じていた。「はじめに」でも述べたように、私たちはこのようなテクノロジーを使うことで生徒のやる気を高められると思っていたわけだが、新しい学習ツールは、逆に生徒が挫折する頻度を増やしてしまうことになった。すべての生徒がパソコンにログインするだけの作業に苦労していたし、パソコンを使いこなせるまでに数週間もかかってしまった。そこで出した結論は、テクノロジーを有効活用する前に、テクノロジー関連の挫折を減らす計画が必要である、ということだった。

同じように、テクノロジーが教室で起こる問題を解決してくれると考える教師もいれば、「悩みの種」と捉える教師もいる。しかし、実際には、解決策でも悩みの種でもない。テクノロジーは単なるツールであり、使い方によっては学びの質を下げたり高めたりすることになる。

教師が導入時点での挫折を防止することができれば、いかなるICTツールやリソースでも学びを促進することができる。まずは、生徒がスマホやタブレットをどのように使っているのかについて知る必要がある。たとえば、幼児でもスマホやタブレットを使って曲を聴いたり、動画を観たりしているが、これらの多くの幼児は、数分でアプリを開いたり、観たい動画をクリックすることができるようになる。なかには、アプリで遊ぶことにとても興味があり、親が干渉しないかぎり何時間でもそれで遊ぶという子どもがいる。小さな子どもでも楽しむことができるし、使うためのマニュアルや練習も必要ないのだ。

生徒は、幼いころから使ってきたスマホやタブレットと同じくらい簡単に操作できるテクノロジーでなければ、あまりそのツールを使おうとはしないし、「学びの質が向上する」と言われても期待しなくなるものだ。教育系のほとんどのツールが、簡単に使いこなせないという問題を抱えている。

教師はセミナーや研修会に参加して、生徒が絶対に読まないマニュアルに目を通してからそのツールを使いはじめている。その後、生徒に使い方を教えるための詳しい説明や短い動画と一緒にそのツールを提示するわけだが、授業の内容よりもツールの使い方に多くの時間を費やすべきではない。説明がうまく書かれていたとしても、新しいツールを使うために一分以上かかるならば、生徒は我慢することができずに挫折してしまう。彼らは、使うのが難しいという単純な理由で挫折し、その結果、テクノロジーを使うことにおけるプラス効果を実感しなくなる。

もし、生徒がテクノロジーに関するトラブルにストレスを感じ、我慢することができなくなってしまうと、ペーパーレスな教室、バーチャルツアー（VRによる学習）、デジタルポートフォリオなどといった潜在的な利益を得ることはできない。最悪の場合、テクノロジーに関するトラブルがツールの効果を発揮する前に楽観性と自己効力感を弱めてしまい、生徒を挫折させてしまうことになる。

私たちの勘違いは、「教師として」何ができるかに基づいてそのような新しいツールを取り入れたことだった。生徒に新たなものを受け入れてほしければ、生徒側が必要としていることを優先するべきである。

教師の間においてもっとも人気のあるツールは、成績評価の負担を和らげたり、生徒に読ませるテキストを変えたり、課題をまとめるのに役立つようにつくられたものであり、決して生徒の視点に立ってつくられたものではない。生徒は、教師が楽になるものだと理解し、仕方なく教師に付き合うといった程度で利用しているのかもしれない。このときに生徒が感じる「課題の価値」の低さは、言うまでもなく挫折の可能性を高めてしまうことになる。

ほとんどの生徒は、学校は「紙と鉛筆」を使うところだと思っている。もし、学習のデジタル化を目的としてツールを利用するのであれば、生徒は見慣れないツールで取り組む学びに価値を感じることはない。多くの生徒がスマホやパソコンを使っているのでテクノロジーを好んでいると勘違いをしている教師がいるかもしれないが、画像を共有したり、動画を観たりすることと、問題文を読んで回答するということは同じではないのだ。

教育に役立つテクノロジーは、伝統的な方法を使うよりも多くのことができると生徒がエンパワー（第６章参照）されたときに初めて効果が現れる。テクノロジーを効果的に取り入れたいのであれば、生徒の視点で導入しなければ挫折につながってしまう。もし、そのツールが使いづらく、生徒も使う価値を感じることができず、それまでのやり方に比べて劣っているのであれば、学びの質は改善されないことになる。

新たな協働学習の方法

協働学習は、もっとも効果的なテクノロジーの活用方法の一つである。生徒にとって協働学習は、必ずしもすぐにできるようなものではない。なかには、効果的なコミュニケーションに必要とされるソーシャルスキルが不足している生徒もいるし、答えがすでに分かっていることが理由で、クラスメイトの話を聞くことに価値を見いだせない生徒もいる。

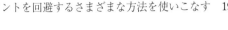

教師は、学びを阻害するこれらの障壁を避けるために詳しい説明や細かい指示を与え、サポートを試みるわけだが、これらの「よかれ」と思って行われる支援によって新たな問題を生みだしてしまうことになる。

教師は、生徒が確実に学べるようになるために協働学習を監視する。たとえば、記録係を任命したり、それぞれの考えを共有するための時間や場を設けたりして、説明と手順を加えている。しかし、生徒の学習を確実に把握することは協働学習のじゃまとなる場合がある。たとえば、グループワークでよく見かける一人ひとりが意見を出しあうような活動は時間がかかり、学習を遅くさせてしまう。幸いなことに、このような方法がもたらしてしまう挫折は、テクノロジーをうまく利用すれば取り除くことができる。

協働学習は、グループのメンバー全員が同時に、同じ情報にアクセスすることができればやりやすくなる。「グーグル・ドライブ」(1) のように、データをオンラインで保存してくれるサービスを利用すれば実現可能である。メンバーとドキュメントを共有することに一分もかからないし、記録係のような役割も必要ない。また、長々と協働学習の方法を説明するといった無駄な時間も必要なくなる。生徒は、必要に応じて自分で役割を決めたり、一人ひとりがチームでつくるドキュメントに責任をもつことができるので、挫折を防ぐと同時により本質的な協働学習を体験することができる。

情報を共有することによって、協働学習をするために隣りあって座る必要がなくなり、直接話をする必要もなくなるので手間がかからない。周りの人にじゃまされることなく考えなどを共有できることは、とくに内向的な生徒にとっては学びの質を高めることになる。

---

(1)　グーグル社が無料で提供しているデータ保存やソフトが使えるクラウド上のコンテンツのこと。オンラインにデータ保存ができるサービスで、ＰＣだけでなくスマートフォンからでもデータにアクセスすることが可能である。マクロソフト社も同様のサービスを提供している。

かつて、私たちの教室に無口な生徒がいたのだが、彼は誰とも協働学習をうまくすることができなかった。協働学習が期待される活動になると彼は挫折し、いつも孤立していた。そんな彼だが、話さなくても他者と協働学習ができることを知り、協働学習に対して楽観的になった。そして、すぐれた思考力を発揮するようになり、チームで共有したドキュメントに貢献しただけでなく、クラスメイトの彼に対する認識まで変えてしまった。彼は「変わり者」とか「あの静かな子」ではなくなり、一緒に学習したくなる存在になったのだ。

テクノロジーは協働学習の手間を省くだけでなく、新たな機会ももたらしてくれる。生徒はテクノロジーを使って協働学習をする際、多くのリソースを組み入れることができる。たとえば、マルチメディア、画像、動画などをクリックするだけで利用できるのだ。

生徒はこれらのツールを使うことで、今までの「紙と鉛筆」だけのときよりも、簡単に目的とするものを発見したり、共有したり、話し合ったりするようになった。テクノロジーが使えなかったとき、文字以外の情報を授業で提示する場合、職員室に置かれていた印刷機の性能に期待

テクノロジーは協働学習の手間を省くだけでなく、新たな機会ももたらしてくれる。生徒はテクノロジーを使って協働学習をする際、多くのリソースを組み入れることができる。たとえば、マルチメディア、画像、動画などをクリックするだけで利用できるのだ。

していたことからすると格段の進歩となる。

協働学習は、品質が高くて使いやすいリソースを活用したとき、より生産的な学びにつながる。紙を使って行われる協働学習よりも、ＩＣＴツールを使って、視覚教材、動画、ネット上にある複数のコンテンツなどをハイパーリンクによって各種コンテンツを結びあわせたほうがよい。そのようにすると学びが魅力的なものになり、挫折は起こりにくくなる。生徒が利用しているデジタル・エンターテインメントと似ているため、ＩＣＴを利用した視覚教材は、授業目標を生徒の興味や関心事に直接結びつけることができるのだ。

私たちは、アクティブ・ラーニングでよく利用される「ジグソー法」という活動をデジタル化した。この活動は、テクノロジーを利用した協働学習の模範になるかもしれない。

まず、チームが各自で調べたことや自分の主張を共有ドキュメントに書く。次に、それぞれの生徒が書いたことを目立たせ、主張に関連したホームページのリンク先を張りつける。このとき、見栄えをよくしたり、読者が読みやすいようにレイアウト変更をするためのソフトなども利用する。ちなみに私たちは、「Scrible」（スクリブル、走り書き、https://www.scrible.com/）というソフトを利用している。

多くのソフトは「グーグル・ドライブ」とつなげることができるので、使いやすく、作業中であってもお互いの学びを読んだり、張りつけられたリンクを利用することも可能である。よって、メンバーの学びを共有し、簡単に全員の学びを確認することができるのだ。

お互いの学びを確認したら、自分が学んだことをその日の授業目標とどのように関連しているのかについてチームで話し合い、最終的に一人ひとりが学んだことを利用しながらまとめを書いていくという学びのスタイルをとっている。

新しい授業参加の形

教師が、生徒の理解度を測るための発問は、ほとんどの場合、生徒が挫折する原因に結びついている。問題は、よく手を挙げて答える数人の生徒がほかの生徒に参加させないことから起こっている。答えが分からない生徒や、恥ずかしくて発言するのが苦手な生徒は、挫折し、積極的に発言する生徒に任せたままとなってしまう。

発問の仕方や内容を変えても、すでに挫折している生徒から発言を得ることはできない。教師はきっと、ほかの生徒の手が挙がるまで待ったり、ランダムに指名して答えさせたりすることだろう。しかし、発言するのは多くて三人から五人程度で、結局は生徒の挫折を助長してしまうことになる。[2] そこで、テクノロジーを使って、内向的な生徒も含めてクラス全体の参加を可能にする。たとえば、「ペア・デック（Pear Deck）」（https://www.peardeck.com/）というアプリを使えば、授業で互いの意見を共有することができる。

少し前までは、テクノロジーを使うとき、生徒一人ひとりに別々のリンクを送り、それを開くだけで手間がかかっていたが、ペア・デックならば教師がクラス全員に同じリンクを用意しているので、生徒がそれをクリックするだけで各自のペースで問題に取り組むことができる。回答を匿名で行い、教師側の画面をクラスで共有したことで、多くの考えを共有し、質の高い回答を利用しながらクラス全体の理解を深めることができるようになった。

同じ方法で、生徒から送られてきた回答によって、教師がクラス全体の理解度を把握することもできる。回答がしやすくなることに加え、三人から五人に授業を任せておけばよいといった雰囲気がなくなり、すべての生徒が間違いを恐れずに回答するようになった。

送られてきたリンクをクリックするだけなら、手を挙げて発言するよりもはるかに授業に参加しやすい。みんなから注がれる過剰な注目やプレシャーからも解放されるし、ストレスも軽減できるので挫折しにくくなる。そして、生徒は、授業に参加することに価値を見いだすことができるようになる。

（2）授業でかなり大きな部分を占めている質問・発問について興味のある方は、『質問・発問をハックする（仮題）』を参照していただきたい。

そもそも、生徒に答えさせるという行為は、授業内容の理解度を把握するために行っている教師の活動である。手を挙げた生徒に対して、ポイントを与えて表彰するといった教師もいる。これでは、「教師からほめてもらいたい」という気持ちしか湧いてこないし、参加することに対する価値を見いだすことはない。それに比べて、ペア・デックだと生徒それぞれの回答が記録されるため、将来の学びにつなげることができるほか、教師にとっても生徒にとっても意味のある活動となる。

これまでの学習をオンラインで記録しておくことで、教師と生徒が学びを場所や時間を選ばずにアクセスすることが可能となる。これも、授業参加から生じるプレシャーによって引き起こされる挫折を防止する、もう一つのテクノロジー活用方法となる。生徒に答えさせる際、以前に学んだことを思い出すように強いると、想起力が弱い生徒や自信があまりない生徒はすぐに授業を放棄するようになる。

可能なかぎり学んだことを証明させたい場合は、完成した課題や既習の学習内容を、スマホやパソコンで必要な情報を取り出しながら各生徒が答えられるようにしたほうがよい。覚えることが苦手、悲観的、挫折に慣れているといった生徒も、ほかのクラスメイトと同じ立場で学習できるようにすべきである。

前述したように、従来型の授業方法では、三人から五人ほどの生徒が授業に参加し、それ以外の生徒は学習の機会を失っていた。それが理由で、誰が授業を理解し、誰が集中していて、誰が理解できなくて黙っているのかについては推測するしか方法がなかった。そして、一部の生徒にとっては、教師の質問に答えるといった学習形態が挫折のきっかけとなっていた。しかし今は、テクノロジーを適切に活用すれば、生徒の学びの質が高まるだけでなく、生徒の理解の様子について教師がより把握できるようになっている。

このように、生徒が授業に参加することに対する考え方が変わり、ＩＣＴツールの使い方も変わってきた。クラスメイトや教師の目を気にすることなく、円滑に授業参加ができるようにテクノロジーを活用すれば積極的な取り組みが促され、生徒の挫折が減ることになる。

二一世紀のICTツールで生徒が学びのオウナーシップを獲得

「今日の授業はうまくいった。生徒はずっと集中していたし、彼らの活動の様子から授業内容をよく理解していたことが分かる。全員が無事に課題をこなし、提出した。のちほど成績表に点数を記入し、提出物をファイルに整理しよう」

このような日は、きっと祝杯を挙げる教師が多いことだろう。しかし、残念なことに、この仕組みは教師主体であるために問題が多いと言える。というのは、個々の進捗状況を確認したり、評価したり、そして記録するまで、さらに生徒がこなした課題を整理したり、保存したりすることまでを教師が行っているからだ。生徒のほうは、成績がつけられた（時によっては、教師のコメントもついている）課題が返却されるまで何週間も待たなくてはならないが、これも挫折を引き起こす原因となる。教師がなかなか課題を返してくれないため、生徒は次の課題に取り組むことをためらってしまうのだ。

テクノロジーを使えば、生徒はいつでも自分の課題にアクセスできるため、学びのオウナーシップがもてるようになる。というのは、教師と生徒が同時にあらゆる機器から課題を確認することができるので、生徒は次の課題に対して前回の学びを用いることができるし、完璧なものでないと課題を提出してはならないというプレシャーを感じている生徒のストレスを取り除くことができるからだ。

伝統的な「紙と鉛筆」の授業では、教師は生徒が提出する課題を「最終版」として、一発勝負の形で扱うことが多かった。しかし、完璧主義の生徒であれば、満足できない、未完成の課題を提出することを拒むものだ。それが、テクノロジーによって生徒はいつでも課題にアクセスできるため、いつでも修正したり改善したりすることが可能となる。この事実は、ミスすることが学習過程の一部であることを証明するだけでなく、生徒が挫折するのを防ぐことにもなる。

ＩＣＴツールで情報共有をすることによって、課題の価値を高めることもできる。ブログを書いたり、ホームページの作成によって、クラスメイトや地域と協力して生徒自らの学習を創造的に表現できるようになる。成績をつけるためではなく、さまざまな相手と学びを共有し、それについての議論をしたり、意見交換を行うといったより質の高い取り組みが促進できるのだ。

私たちの生徒は、初めて「パッドレット（Padlet）」（https://ja.padlet.com/）という共同作業のアプリを使って学びを共有したとき、他校の生徒からコメントが届いたことに驚いた。思いがけない称賛を誇りに感じたのでほかのチームにその経験を伝えたところ、彼らもパッドレットを利用して自分たちの学びを公開したいと言いだした。生徒の挫折につながる可能性の高い課題が、校外の人に見てもらうことによって生徒の取り組み方の質が高まったのだ。

このように、できるだけ生徒が学びについて発信できるようにしたいものである。方法は指定せず、生徒にとって一番やりやすい方法を使うのがベストである。その際、私たちが設けた一つのガイドラインは、「使う方法は何でもよいが、六〇秒以内でアクセスできるソフトでなければならない」であった。テクノロジーは、時間がかかればかかるほど使われなくなるものだ。

たとえば、ホームページづくりの経験がある生徒にとっては、それをつくるのに苦労はしないし、完成したホームページで学びを表現しようというやる気まで感じることができる。ホームページづくりにおいては創造性やデザイン性が発揮されるし、マルチメディアを活用する能力と学んだことを書き言葉で表現する能力を融合する学びの表現方法ともなる。

とはいえ、ネット上での公開に値するほどのホームページをつくっている生徒がいる一方で、ホームページづくりが苦手で、ほかの表現方法、たとえばブログを書くといった方法を好む生徒がいることを忘れてはならない。

創造性が発揮できて、一部の生徒に刺激を与える表現方法は、より簡単な方法で課題の完了を目指したい生徒にとってはやる気を失う場合も出てくる。最適となる方法を生徒自身が選択して、創造性を発揮することができるようになれば、もっともよい学びの機会が得られるし、挫折の原因となる障壁をなくすことにつながる。

まとめ

言うまでもないが、テクノロジーは教室で起こる問題をすべて解決することはできない。また、テクノロジーを批判している教師が何を言っても、テクノロジー自体に問題があるとは言えない。テクノロジーは、挫折する傾向がある生徒や、挫折しそうな瞬間を回避するために役立つツールであると断言することができる。

一般的に価値が高いと言われているため、学校現場でもＩＣＴツールを活用するべきであると考えられているが、生徒の学びの質を念頭に置く必要がある。さもないと、逆にテクノロジーが生徒の挫折を引き起こしてしまうことになる。

二一世紀型の教室を目指しているのであれば、テクノロジーのもっとも効果的な活用方法を検討すべきである。たとえば、生徒が簡単に利用できるもの、生徒にとって利用価値があるもの、また生徒がそのテクノロジーを使用することによってどのような学びをするのかを考慮するべきである。このことさえ忘れなければ、生徒が学びに向かう可能性を大いに高めることができる。

表7－1　教師のための協働学習のルーブリック

	協働学習
途上	□教師は、生徒にテクノロジーを使って共有・協働する機会を与えていない。 □教師は、テクノロジーを利用した協働学習は生徒が不正行為をしていると思っている。 □教師は、「紙と鉛筆」しか使わない授業をしている。
発展	□教師は、グループで行う特別なプロジェクトのときのみ、テクノロジーを使用している。 □教師は、ペアで編集を行うなどの特別な課題のときのみ、テクノロジーを使用している。 □教師は、教科書の補足としてテクノロジーを使用している。
高度	□教師は、生徒のテクノロジーを使った協働学習を推進している。 □教師は、生徒が課題を共有・閲覧・修正するためにテクノロジーを使うことを推進している。 □教師は、生徒がテクノロジーを活用して幅広い情報源やメディアの種類から学べるように学習する機会を提供している。

表7－2　教師のための授業参加のルーブリック

授業参加	
途上	□教師は、生徒が授業外学習にテクノロジーを使う機会を提供していない。 □教師は、授業中に生徒が過去の課題をアクセスできることを許可していない。 □教師は、生徒がテクノロジーで学びを表現する機会を提供していない。
発展	□教師は、授業外で生徒がテクノロジーを使って学習できるようにしている。 □教師は、総括的評価をする際、生徒が過去の課題を参考にすることを推進している。 □教師は、授業において生徒がより参加し、学びを表現しやすくするためにテクノロジーを使用している。
高度	□教師は、生徒が授業時間外でもそれぞれのペースで柔軟に学習することができるようにテクノロジーを活用している。 □教師は、生徒に過去の課題を新しい学びに活用する方法を教えている。 □教師は、クラスメイトとのかかわりあいや発表することが苦手な生徒も含めた、生徒全員のための学びの手段としてテクノロジーを活用している。

表7－3　教師ための「学びのオウナーシップ」に関するルーブリック

学びのオウナーシップ	
途上	□教師は、不正行為や問題が起こるのを恐れてテクノロジーを使用していない。 □教師は、オンラインで課題を共有することを生徒に許可していない。
発展	□教師は、生徒が研究レポートやプロジェクト学習などの課題をするためにテクノロジーを使えるようにしている。 □教師は、クラス内の協働学習を増やすために、生徒にオンラインで課題を共有させている。
高度	□教師は、生徒が授業外でも課題を行うことを推進している。 □教師は、生徒が自分の学びを表現するためにオンラインで公開し、クラスメイトや地域の人と学びあう機会を設けている。

第8章

困難な時期こそ、挫折への介入

――挫折につながるさまざまな行動に「的を絞って」対処

人間は自転車に似ている。バランスを保つには動き続けなければならない。
（アルバート・アインシュタイン［Albert Einstein, 1879～1955］理論物理学者）

テクノロジーの世界においては、「耐障害性」（問題が発生した場合、代わりのアプリケーションで復元させられる機能）という言葉がある。システムが複雑になるにつれ、一つの小さな不具合でもシステム全体に影響を与えてしまうため、技術者はたとえ一部が壊れたとしてもシステム全体が機能し続けるように設計している。

家が停電になってしまったら、住民は電力が復活するまで待つしかない。しかし、耐障害性のある建物には必要な電力を送るための発電機が備わっている。このように、システムが複雑になればなるほど耐障害性の設計がより重要となってくる。

本書において、私たちは教室の最大の障害とも言える「挫折」に対する備えを説明してきた。三〇人のクラスで教えていると、数多くの要素が教室という「システム」の妨げになりえる。朝から気分がさえない一人の生徒が、ほかの生徒の学びを阻止することだってあるのだ。

生徒一人ひとりの挫折につながる要素を把握することができれば、学びを止めてしまいそうになる生徒を制御することもできる。そうすれば、クラス全体を学びに向かわせることが可能となる。挫折ポイントの考え方を用いることで、生徒が挫折しようとするとき、学びが止まらないように楽観性や課題の価値に焦点を当てた教室文化を築くことができるのだ。

前向きな教室文化をつくるために全力を尽くしたとしても、すべての生徒の挫折を防ぐことはできない。人間というものは複雑であるため、混乱が起きると挫折につながる可能性がある。たとえば、一日中同じ生徒を教える小学校の教師であっても、時間割ごとに生徒が入れ替わる高校の教師であっても、多様な要素に対応しなければならない環境に置かれている。教室環境や授業計画において、すべての混乱を防ぐことはできないのだ。困難なときこそ、挫折ポイントに対処するという介入方法を用いて、学習過程に遅れをきたす行動を防ぐようにするべきである。

生徒の挫折の頻度や深刻さにあわせて、私たちは対処法を変えている。もし、生徒がめったに挫折しないのであれば、教師の直接的な介入、またはクラスメイトとの協働学習を通して、短期的な対処法で対応することができる。しかし、挫折が頻繁に起こっている場合は、その生徒の困難にあわせた、的を絞った対処法を用いる必要がある。

万が一、挫折が教室に深く染みついているようであれば、外部の人々の手を借りる必要も出てくるだろう。最終的に挫折から抜けだすための決断をするのは生徒自身だが、挫折から抜けだす決断に導くための支援は教師の役目である。

初期対応――挫折に素早く対応する方法

生徒の学習に対する努力は、「積極的な取り組み」から「持続的な挫折」までと幅広い（一四ページの「挫折ポイントの連なり」参照）。私たちは、生徒が学習にある程度取り組んでいて、やり直しが可能な段階で挫折に対処するための初期対応法を考えだした。その目的は、学びに専念するエネルギーを少しでも増やす手助けをすることである。迅速な対応が授業の残り時間の励みとなり、一時的に停滞してしまった生徒の学びを再開することにつながる。また、この対処法によって、挫折がより深刻化したり、習慣化することも防げるようになる。

初期対応においては、生徒がすでに挫折ポイントに達してしまったことを示すような特定の行動に言及することを避けている。非生産的な行動に注意を向けると、生徒を防衛的な態度にしてしまうというリスクがあるからだ。

些細な行動を理由に教師が自分たちを選別していると感じると、生徒は学びを無視したり、権力闘争をするといったことにエネルギーを使うようになるかもしれない。もし教師が、生徒はまだ生産的な行動をしていると思って対応したら、こういったネガティブな反応を避けることができるだろう。この時点では、前向きな気持ちで生徒の背中を押しさえすれば、積極的な取り組みを維持するだけの十分な手助けとなるかもしれない。

挫折への介入の多くは「お節介」として捉えられている。挫折ポイントをすぎてしまった生徒は、もはや課題をこなすことに努力しようとはしないし、そのための助けを求めようともしない。したがって、注意をするといった従来の方法よりも、こちらから助けを差し伸べるほうが生徒の後押しになるし、生産的に取り組むための合図を送ることにもなる。

このような後押しの発信源は、教師だけでなくクラスメイトでもよい。私たちは、生徒が挫折の兆候を示したら、教室を巡回して、その生徒のそばに行くようにしている。挫折しそうな生徒に対して、次の課題に取り組めるための手助けをしたり、生徒の回答に補足をしたりしている。さらに、分からないふりをして、生徒に課題の一部を説明してもらうようにもしている。

介入の目的は、課題について一緒に話すことであり、生徒が何とか自分の考えを表現できるように手助けすることである。たとえば、私たちは生徒の回答をほめたり、その回答に至った手順の説明を頼んだり、課題でもっともやりやすかった部分について教えてもらったりしている。こうした介入は、生徒のエネルギーを学習目標に集中させ、楽観性を高める支援策となる。

生徒にプレシャーを与えるので、挫折を示すような行動は批判しない。すると、教師自身が生徒を全力でサポートするというメッセージになるし、生徒の努力を認めていることにもなる。時には、生徒に自信をつけさせるために、答えの一部を教えたりもしている。

同じように、クラスメイトの介入が初期の素早い対応として有効である。とくに年度初めは、すべての生徒が教師を快く受け入れているとは言いがたいので、友達関係がすでに築かれている生徒同士に頼ることは、大人が直接介入するよりも効果的であると言える。その際、特定の生徒にクラスメイトを助けるように依頼するとより効果的となる。

学習の成果物を仲間と確認しあったり、活動を振り返ったりすることは、生徒にとっては新しいアイディアや自信につながる。クラスメイトを助けるための能力がすべての生徒にあると信じていることを示せば、仮に時々挫折することがあっても、全員が成功できるという教師からのメッセージとなる。(1)

この方法の場合、規律を遵守させることや学級経営の一部として行っているという印象を生徒に与えないほうが効果的である。教師が生徒たちに助けを依頼するということは、挫折しそうな生徒にとっては恐怖心から逃れることにつながるし、フラストレーションが高くなることもない。

（1）このレベルの介入として効果的なのが、ライティング・ワークショップとリーディング・ワークショップで行われている教師によるカンファランスと生徒同士で行われているピア・カンファランスである。興味のある方は、『作家の時間』『読書家の時間』『イン・ザ・ミドル』および『ピア・フィードバック』を参照。

同じく、積極的に取り組んでいない生徒に手を差し伸べることは、挫折ではなく学習行動に焦点を当てることとなる。

挫折したばかりの生徒に対する介入の場合は、可能なかぎり、あまり大袈裟な指導や指示にならないように心掛ける必要がある。もし、その介入によって生徒の注意散漫さを助長してしまうと、学習以外のことにエネルギーを費やし、新たな問題を発生させてしまう可能性が出てくる。教師がとった初期対応は不十分であると感じた生徒は、「挫折ポイント」からより深い挫折の位置にいることになるので、別の形で直接的な介入をしなければならない。

生徒がより深い挫折の位置にいる場合の対処法

生徒が挫折ポイントよりも深い位置にいると判断したら、生産的な学習に向かわせるためにさらなる介入をしなければならない。このような状況に陥った生徒には、挫折の原因に的を絞った対処が必要になる。そして、生徒が挫折に費やしているエネルギーを減らし、学びに向かわせるようにしなければならない。この位置にいる生徒が示す行動の多くは、スマホをいじったり、授業に集中せずに私語を繰り返すなど、教師がもっとも嫌がる行動である。

問題行動を注意したり、指導したりするのは簡単だが、その行動は問題解決につながらない。

仮に、教師の注意や指導が問題行動に焦点を当てたものだとしても、問題がエスカレートし、生徒がより挫折への意思を固めることになる。問題の本質は、生徒が学習以外にエネルギーを費やしていることにある。この場合の介入は、生徒が挫折しようとしている行動、つまりスマホを取り上げるなどして中断させることである。そうすることによって、再び学習に集中させることが可能になる。

　教師にとっては、授業で期待されていることを中心にして挫折に対処するほうが簡単かもしれない。生徒によっては、授業中に生産的な努力を維持するだけのスタミナが不足している場合や時間帯によって、費やせるエネルギーにばらつきがある。また、計算や読み書きなど、教科や課題に対して圧倒されるという場合もある。

　これらの障壁が理由で挫折を引き起こす場合、生徒にとっては学習に集中することが難しい。このとき、生徒は課題に対する価値を感じていないので、従来の対処法では生徒のいら立ちや無関心さを高めることになりかねない。私たちが提案している対処法は、挫折を抑制することを目標としているため従来の対処法とは異なっている。私たちは、生徒が積極的な取り組みに少しでも近づくことができるような生産的な行動を促している。

　生徒の挫折を減らすため、私たちはしばしば課題に手を加え、内容を微調整している。具体的には、問題数を減らしたり、課題の一部を削ったりすることで、挫折している生徒であっても学びをより身近なものとして感じられるように心掛けている。

与えられていたすべての課題を終わらせることができなくても、生徒は教師の期待にこたえたいという気持ちをもっている。この場合の利点は、本来であればその日の学習がゼロに近かった生徒の学びを、少しだが前に進められることである。

その日にできなかった学習は、挫折につながる障壁がなくなったときにできるようになる。挫折につながる障壁がないときのほうが、生徒にとっては努力を維持することが可能である。挫折を乗り越えたあと、努力を維持できるようになってから学びを再開し直したほうが効果的となる。挫折を乗り越えるための介入をすることで、生徒はより生産的な学習ができ、学習の遅れを取り戻すことが可能となる。

クラスメイトを利用した介入も効果的な方法の一つとなる。たとえば、チーム全員が課題を完了したとき、個人ではなくチームに褒美を与えることで、進んでいる生徒が挫折しそうな生徒を助けるようになる。挫折しそうな生徒がメンバーの意見を価値のあるものとして理解しておれば、彼らはより努力をするようになる。

生徒が、学習目標よりも学習以外のことを優先した場合に挫折が起こりやすくなる。たとえば、語彙学習よりも仲間とのケンカについて話すことを優先したいものだ。このような生徒に関しては、仲間とのやり取りを好むということが明らかなので、学習や課題に仲間とのやり取りができる活動を加えることによってエネルギーを学習のほうに戻すことができる。このような介入の仕方は、学びへの参加を少しでも増やし、効果的な選択肢を与えることになるので、挫折に浸ったままでいたいという気持ちを弱めることになる。

実は、教室外の障壁を防ぐことがもっとも困難である。たとえば、家庭問題が原因となっているストレス、睡眠不足、ＳＮＳからの誘惑など、教師の手には及ばないものが多く、これらが挫折の原因になっている。このような障壁から現れる行動は生徒の安心感や安定感の欠如が原因であるため、「共感」を示すことがカギとなる。

たいていの生徒は、わざと問題行動を起こしたり、学習についていけないようふりはしないものだ。単に、彼らには学校生活に専念するだけの十分なエネルギーがないだけである。それゆえ、耳を傾けたり、共感を示したりすることで学校が安全な場所であると示す必要がある。これが極めて重要なこととなる。このような障壁と闘っている生徒のために、とりあえずその日は課題の量を減らすなどして、その日を少しでもプラスに終わらせることが大切である。

このような介入によって、生徒が必死に求めているケアや学びの機会を与えることができる。乗り越えないといけない障壁こそが問題行動の原因であるという認識をすれば、教師と生徒のよい関係性を保つことができる。また、将来、再び乗り越えないといけない障壁に直面したときの学びにもつながることになる。

しかし、生徒が重いストレスを抱えているのか、単にそっぽを向いているだけなのかを見分けることは決して簡単ではない。学習を妨げるこの二つの行動は非常に似ているのだ。たとえば、生徒がスマホを置くことや私語を慎むことを拒否したときは、学習よりも仲間とのつながりや娯楽を優先していることになる。その場合、介入の目的は、学びを非効率なものにさせている生徒の行動を止めさせることとなる。もし教師が雑談などで介入をしてきたら、生徒はゲームや私語、SNSを続けることができなくなる。このような対処法は、正そうとしている態度に触れないからこそ効果がある。

挫折しそうな生徒は、教師が注意をしてくるであろうと予想しており、それを拒否したり無視したりするだけの準備ができている。それだけに、教師が生徒の会話に加わったり、夢中になっているゲームの説明をお願いすれば関係を築くことができ、効果的に指導できるようになる。そして、ゲームなどから生徒の気が逸れたら、そのときが学習に戻るタイミングとなるので、学びのきっかけになるような提案をすればよい。

このような介入だと生徒は挫折しなくなり、教師が「スマホを置きなさい」とか「私語を慎みなさい」と言う場合よりも、再び学習に集中させる可能性が高くなる。教室外のことが原因で挫折している生徒への介入など、生徒が「挫折ポイント」よりも深い位置にいるときの対処法を用いる場合は、なぜ挫折のままでよいと生徒が思っているのかについて理解する必要があるので、初期対応の介入よりも時間がかかることを忘れないようにしていただきたい。

いかなる活動にも生徒がやる気を示さないときに初期の対処法は機能するため、挫折を防ぐ学習目標へと導き直すためにはやさしく言うだけで充分である。しかし、生徒が挫折してしまったら、それを止めるためには「的を絞った」指導をしなければならない。生徒が置かれている状況に教師が共感したり、声掛けをしたりするだけで、ほとんどの生徒が少なくとも学習の一部に再び取り組むようになる。つまり、すべての生徒が成功したいという願いをもっているからこそ、私たちが強調している生徒との非挑戦的・前向きなやり取りに効果が見られるということだ。

とはいえ、残念なことだが、ごくわずかな生徒はすでに挫折ポイントの深い位置において長い時間を過ごしている。彼らを学習できるポイントに連れ戻すためには、挫折や無気力に立ち向かわせるといった妥協のない直接的な指導が必要になるだろう。

持続的な挫折に対しては計画的な介入を

教室に入る前からすでに挫折している生徒もいる。彼らは学力が向上することを期待していないし、長期的な障壁に苦しんだりしているため、学校のことを考えただけで諦めてしまうのだ。このような持続的な挫折に立ち向かうための一般的な対処法を見てみると、その多くが効果のないものとなっている。なぜなら、その教師は、生徒自身がマイナスになることを回避するはずだと思い込んでいるからだ。

持続的な挫折と闘っている生徒にとっては、罰則や赤点はどうでもよく、彼らにとっては予想している結果でもある。挫折を乗り越えるためには、教室外の資源を活用して、生徒と学校自体の関係を回復する必要がある。それには、学校生活は嫌なことばかりではないと生徒が理解するまで、長期的な支援とともに教師の我慢が必要になってくる。

持続的な挫折への介入においてもっとも大切なことは、生徒が学校に不満をもっており、努力が足りていないことを生徒と教師が素直に認めることである。生徒が自分の行動に問題があることを理解しなければ、どれだけ手を差し伸べても拒み続けてしまうものだ。完全に挫折してしまった生徒は教師のきめ細かなサポートに慣れてしまっているため、残念ながら、教師のほうが生徒よりも一生懸命動いている場合が多い。

教師だけが一生懸命になっている状況を避けるために、まずは、「助けが必要だ」と生徒が素直に認められるように励ます必要がある。それからでないと、学校や学びとの関係を修復するためのサポートはあまり期待することができない(2)。

まず教師は、生徒に「うまくいった日」や「うまくいかなかった日」を話してもらい、うまく行かない日もあれば、うまくいく日もあるということを強調し、認識させることが何よりも大切となる。すると、うまくいった日は、生徒自身の行動がきっかけになっていると気づきはじめる。この認識を高めることによって、生徒は自らの学校生活に対して少しずつオウナーシップをもつようになる。

このような生徒の多くは、元々授業にあまり参加しなかったり、教師からの働きかけを拒んだりしてきたため、教師との信頼関係が成立していない。もしも、生徒自身が自ら生活を管理していないと感じていたら、周囲にいる大人が自分のことをあまり気にしていないと感じるようにもなる。

学校関係者との関係性が弱い生徒には、教室外からの一貫した支援が重要になってくる。カウンセラー、ソーシャル・ワーカー、管理職、地域のボランティア、そして家族は、生徒が学校で感じている日々の印象を向上させるために欠かせない存在である。生徒に何らかの変化が必要であることを示し、支援することは、一人の教師には負担が大きすぎる。だからこそ、これらの人がチームを組んでサポート体制と介入計画をつくり、より一貫した支援を可能にするべきである。

習慣的に挫折してしまう生徒に対する介入計画の最終段階は、生徒が「学校でうまくいく」と捉え直すことである。生徒が前向きな関係性を築いたり、成果を出したりする姿勢を示したら、

---

(2)　関係修復のアプローチについては、『生徒指導をハックする』で詳しく紹介している。

彼らに自分の目標を再考してもらうのだ。

最初は、彼らにとって「うまくいった日」であったとしても、圧倒的にマイナスな出来事が多かったと考えてしまう傾向がある。このような傾向が当たり前のことでなくなれば、生徒には学校でより良い成果を出すためにはどうするべきかという答えが見えてくる。そのとき、それまでよりも挫折しづらい目標を掲げるようにすれば挫折しなくなる。つまり、代わりとなった実りの多い積極的な取り組みが彼らの新しい習慣になるということだ。

これまでの過程で注目してほしい部分は、成功するためには多くの大人が時間を費やす必要があるということだ。だからといって、このサポート体制においてクラスメイトの存在が必要でないという意味ではない。クラスメイトにも協力を得ることで、さらなる支援の形を生みだすことができる。

私たちは、学習に積極的に取り組まない生徒と同程度の挫折を乗り越えた生徒を組み合わせ、その生徒たちにメンター的な役割を依頼している。挫折を乗り越えた経験がある生徒は、同じような困難に直面したことのない教師に比べればはるかに身近なお手本となりやすい。

長期にわたる介入計画の特徴として、途中で生徒が問題を起こしたり、学業上の失敗をすることがある、と理解する必要がある。なお、進歩や成長が見られる日もあれば、そうでない日もあり、行ったり来たりするものである。

私たち教師の役割は、困っている生徒を支援するだけでなく、ほかの生徒に対しても安全な学びの場を提供することなので、常にそういった生徒の対応ができるわけではないし、介入しないという日も必要である。ただし、メンターであるほかの生徒は、状況とは関係なく擁護者や支援者としての役割を果たすことができる。この介入プログラムを受けている生徒には、イライラしてしまったときに仲間やメンターに連絡することをすすめている。このやり方であれば、不安定な状況を避け、生徒の成長を妨げるような問題を防ぐことも可能となる。

生徒の持続的な挫折が長ければ長いほど、介入が成功するまでに時間がかかってしまうことになる。このように、挫折することが当たり前となった状態の生徒をできるだけ早く特定するために、教師（やほかにかかわる大人たち）がお互いに情報を交換しあって、協力する必要がある。さもないと、生徒が完全に諦めるようになってしまい、不登校などのきっかけとなり、生徒とのかかわりがさらに難しくなったりする。

すべての生徒が、厳しいときであってもやり抜くだけの力をもてるようにし、前向きな経験をすることを目指して学校に行くようにしなければならない。教師やメンターを依頼している生徒とのつながりによって、問題を抱えている生徒でも「学校に行こう」という気持ちが高まってくる。そして、出席すれば学習に戻るための前向きな経験や振り返りができるようになるので、持続的に挫折している生徒でも学びを改善しようとする姿勢がうかがえるようになる。

まとめ

ほとんどの挫折への対処法は、挫折そのものを回避させるためであったり、挫折を抑制したりするといった予防策である。しかし、私たちがどれだけ避けようとしても、誰もが時には挫折してしまうものだ。生徒の取り組みが消極的だと認識した際には、挫折の度合いに応じて、ここで紹介した三つの対処法を利用していただきたい。

一つは迅速な対処法であり、素早く、脅迫的でない、すべての生徒に使えるものである。もし、単に気が散っているような状態であれば、この対策でその生徒の意識を速やかに効果的な学習へ戻すことができる。たとえその対処法が成功しなかったとしても、より深刻となる問題の原因を究明してくれるかもしれない。

生徒が挫折してしまったら、二つ目の介入として、生産的な行動を仕掛けることで学習以外のことに注がれていた意識を削ぐことである。そして三つ目、持続的に挫折している生徒に対しては、従来の介入を超えたものが必要になってくる。このような生徒との関係を維持する環境をつくり、前向きな学びの場を提供し、将来的に生徒との活発なやり取りができるような環境にすることが大切となる。

表８－１　教師のための初期対応のルーブリック

初期対応	
途上	□教師は公然と、命令で生徒の行動を正している。 □教師は、問題行動に感情的になっている。 □教師が、すべての問題行動の責任を抱えてしまっている。
発展	□教師が注意するときは、学級に混乱が起こらないようにしている。 □教師が生徒の問題行動を対処するときは、落ち着いて行っている。 □教師は、お手本になるモデルをクラスに紹介している。
高度	□教師は、問題行動を生徒との関係を築く機会として利用している。 □教師は、問題行動に対処するときでも前向きで、献身的な態度をとっている。 □教師は、生徒の問題行動を防ぐためにクラスメイト同士で協力をする機会を設けている。

表８－２　教師のための「的を絞った」指導のルーブリック

「的を絞った」介入	
途上	□教師の初期対応が失敗し、教師の話を聞かない生徒と権力争いがはじまったりする。 □教師は望ましくない行動は止められるが、再び学習に向かわせることはできない。 □教師はクラス全体の雰囲気を気にせず、自分の権限を強調している。
発展	□教師は、積極的に取り組まない生徒は、ただやる気がないのではなく、ほかの原因があることに気づいている。 □教師は、生徒をある程度学習に再び向かわせることができるが、生徒の取り組み方はあまり積極的ではない。 □教師は、学習の環境づくりをしている際に生徒にも参加させている。
高度	□教師は、生徒が学習に取り組まない原因に基づいて支援をしている。 □教師はうまく介入し、生徒を再び学習に向かわせている。 □教師は、学びに消極的な生徒をクラスメイト同士で支えあえるような学習環境を築いている。

表8－3　教師のための長期的な介入のルーブリック

長期的な介入	
途上	□教師は、生徒が積極的に取り組んでいなくても、授業に支障がなければ介入しようとしていない。 □教師は、介入のためにほかの教職員や家族の協力を求めていない。 □教師は、介入すればすぐに成果が出ると期待して、長期的に介入をしようとしていない。
発展	□教師は、いつも授業に参加しない生徒がいても、学びに参加できる機会を常に用意している。 □教師は、新しい介入方法を学ぶためにほかの教職員と協力しあっている。 □教師は、うまくいった介入方法がほかの学級や学年でも使えると期待している。
高度	□教師は、生徒によい影響が出るまで、あらゆる介入を試している。 □教師は、チームとしてほかの教職員や地域の関係者と連携し、十分な介入ができているかについて常に把握している。 □教師は、生徒の成長が次の年度に続くように、長期にわたって介入を継続するように努めている。

第9章

挫折ポイントの影響を明らかにするケース・スタディー

――成功事例から見た挫折ポイントの効果的活用

人を動かす能力は、問題解決よりも問題発見にかかっています。

（『人を動かす、新たな3原則――売らないセールスで、誰もが成功する！』ダニエル・ピンク／神田昌典訳、二〇一三年、一四二ページより）

「挫折ポイント」の考え方をもとにした指導が、生徒によい効果を与えたことに私たちは喜んでいる。とにかく、挫折する生徒が減り、努力する生徒が増え、学びに対して積極的に取り組むというケースが多くなったし、何人かの生徒の学びが私たちの期待を超えるほど改善したと言える。また、私たちが想像していたことよりもはるかに大きな壁を乗り越え、今まで経験したことがない素晴らしい結果を残してくれるようにもなった。

本章では、生徒の成果を二つ紹介し、挫折ポイントの考え方をもとにした介入の可能性を示していきたい。私たち自身も、挫折ポイントの考え方をもとにした実践をはじめるまで、伝統的な教育を長年にわたって実践してきた。しかし、一度も、今のような劇的な成長を示した生徒を見たことはなかった。

すべての生徒が、ここで紹介する事例に匹敵するほどの達成度を実現したわけではないが、クラス全体の学びを後押しするような、転機となるきっかけを与えてくれた実話である。なお、個人情報を守るために生徒の名前は匿名にしている。

マリーシャ

マリーシャは常に自信をもっていて、将来、医学部で学びたいという強い想いをもって高校に入学した。彼女は社交的で責任感もあったので、すぐに高校生活に慣れると思っていたが、期待どおりにはいかなかった。高校では、以前よりも読み書きに重点が置かれた学習が求められたため、歴史や英語の授業ですぐに遅れを取ってしまった。その遅れを取り戻すために頑張っていたが、医学部を目指す生徒に求められる成績を収めることはできなかった。

マリーシャは、否定的な教師からのフィードバックを恐れていたため、あまりサポートをもらおうとはしなかったし、教師やクラスメイトとかかわることも避けていた。このような習慣が定着してしまったため、最終的には授業に出席しなくなり、彼女にとっては大学に入学することより一年目（アメリカでは九年生）で落第してしまうという現実のほうが強くなってきた。しかし、親と学年主任とで行われた三者面談が物事を好転させるきっかけとなった。その面談において私たちは、隠されていた彼女のすぐれた能力にやっと気づくことができたのだ。

面談において、学業に関してはマリーシャ自身の自覚と実態との間に大きなギャップがあることが明らかになった。とくに、彼女は努力しても報われないと感じていたので、学びに対してかなり消極的になっていた。このことに気づいた私たちは、彼女に「もっと頑張るように」と励ます代わりに、「挫折後の行動に目を向けるように」と助言した。また、彼女はフラストレーションが原因で授業に出席しなくなっていたので、「参加するように」とも促した。

彼女が授業に参加できるきっかけになったのは、クラスで行った「チャレンジ・タイム」であった。そこで与えられた試練を克服したことで、得られた達成感が彼女のやる気を高めることになった。一週間もしないうちに、マリーシャは出席した授業の三分の一以上において、グループ活動の際にはチームのリーダー役を務めるようになったのだ。

リーダーシップをとって授業に参加したというマリーシャの経験は、彼女に必要な学業に対する前向きな気持ちと達成感を与えることにつながった。この経験を通して、のちに彼女は成功の模範となるような生徒となり、否定的な気持ちが肯定的なものに変わっていった。

実際、彼女はリーダーであることを好み、その気持ちがさらに彼女の力を伸ばし続けることになった。第一次世界大戦を学ぶユニットでは、ほかのチームを征服することを目的として設定されたルールのもと、マリーシャはすぐに三クラスにまたがる四〇人のチームを支配するようになった。彼女は自分のチームにおける支配を強化するために、チーム内に階級組織をつくったうえ、それぞれの階級にリーダーを置き、チームが挑戦した結果を報告するという政府システムを構築したのだ。

このような成功は、学力向上をはじめとして、クラスメイトとのかかわりの増加や、教師からのフィードバックとサポートを受け入れるという気持ちにつながった。また、彼女の学習状況も改善され、すべての目標を達成するようになった。さらに、チーム・リーダーとして、チームメイトとのやり取りとサポートを通して学びをより深く行うようになった。彼女には、医学に対する興味を通して人々を助けたいという思いがあったため、リーダーとしての責任を真剣に受け止め、役割を果たしたと言える。

ビジネス科の授業中にメンバーを助けることを目的として、彼女は授業がはじまる前に課題を終わらせるという許可を教師からもらった。そうすることで、昼休みや五時間目のビジネス科の授業中にチームと活動する時間を増やすことができた。

協働作業中はメンバー同士で学びを共有し、メンバーは必要に応じて彼女からの支援をもらっていた。またマリーシャは、メンバーが苦労していると気づいたら、ワークシートやドキュメントに直接メッセージを書いたり、話し合いの時間を設けたりもした。さらに、全員が成長できるように、メンバーの学習改善を促すためのサポートをしたり、「日々の行動目標」を利用してより深く学べるように努めたりもした。最終的には、マリーシャの学力が向上しただけではなく、レベルの低かった生徒全員の学力が向上している。

もっとも印象的だったのは、マリーシャのやり方がすべて彼女自身のアイディアであったことである。そして彼女は、リーダーとして、教師が対応に困っていた生徒への学習支援の仕方についても共有してくれた。

マリーシャは自分自身の挫折を乗り越えたあと高校生活を円滑に送ることができたが、部活動や課外活動でもリーダーシップを発揮し、授業で磨いたチームワークのスキルを活用していた。もちろん、優秀な成績を修めて高校を卒業している。現在、彼女は大学に通っており、医学への道を進んでいる。

ドレイク

ドレイクは、高校でそれほど多くのことを成し遂げるとは期待されていなかった。進級するための単位すら習得できないであろうと教育委員会が思っていた生徒の一人であった。彼は中学の卒業要件を満たしていなかったが、教育的な配慮で何とか高校に入学することができた。ドレイク自身も、自分を「馬鹿」だと思っていたので、一六歳になったら中退すると話していた。

彼は机に座るのも嫌だったし、ちゃんと座っていると思ったら仮眠をしているということがしばしばあった。教室の後ろで横になったり、歩き回ったりするというのが彼の日課であった。ドレイクをチームに入れたり、「彼と協力するように」と話す教師の依頼に対して、ほかの生徒は不満を露わにしていた。たしかに、彼は何の貢献もしていなかったので、そう思われても無理はなかった。

ドレイクは、自分と同じようにあまり学習に取り組まない生徒と付き合っていたため、彼の学びをサポートするような生徒はいなかった。彼の学びに対するマインドセットを変えるため、私たちは「チャレンジ・タイム」に期待したが、どの活動もドレイクがもつ学校や学習に対する考え方を変えることはできなかった。それどころか、彼は参加を拒否したり、わざと挫折したりして、学習することからできるだけ早く離れようとする姿勢を見せるようになった。

それにもかかわらず、私たちはほかのチームに教えあいや個人の尊重などを強調して、ドレイクが前向きな学校経験ができるように努力を続けた。ほかの生徒は、何の貢献もしないドレイクとは学習をしたくなかったし、同じチームになると失望感さえ示していた。そんななか、劇的な転換のきっかけとなったのは、ほかの生徒から聞こえてきた彼に対する愚痴であった。

「クラス通貨」が利用できる宝くじ[1]を開始したときだった。ドレイクは、愚痴っていた生徒の反感を煽るため、ほかのチームを混乱させようとした。宝くじを当てることができたら、教室の雰囲気を壊し、愚痴っていた生徒をがっかりさせることができると思ったのだ。

ドレイクと彼の仲間はお互いの「クラス通貨」を集め、宝くじを八〇枚も購入した。彼らは、たくさん購入するという作戦はうまくいくと確信していた。ほかの生徒からは「信じられない！」という声が上がったが、作戦どおりにドレイクは宝くじの高額賞金を獲得し、初めて教室で幸せそうな顔を見せた。

どのゲームでも常にやる気を見せ、勝つためにエネルギーを費やしていたほかの生徒は、今までまったくエネルギーを使わずにいたドレイクの運（？）に負けてしまったことになる。その結果として、ドレイクと彼の仲間を含めたクラス全員のゲームに対する興味が高まることになった。そこで、ゲームが生む友好的な競争を利用し、クラス全員の一体化を試みることにした。

ドレイク自身が何かに対してやる気があると気づいた瞬間から状況は変わった。ドレイクは、彼を見下していたほかの生徒全員を負かそうと考えたが、ゲームの真の目標はクラス全員の積極的な取り組みを促進することだったので、ドレイクのような無関心な生徒にゲームをサボタージュ（妨害工作）するような役割を与えることは私たちにとって難しいことではなかった。ゲーム

（1）　クラス通貨をさらに勝ち取るために、生徒たちが今までに取っておいたクラス通貨で買うことができるという宝くじのこと。

において乗り越えなければならない挑戦内容は、教師がつくる架空のものではなく、ドレイクのように、実際にいる生徒を挑戦の中心に置くことであった。

自称「怠け者チーム」は、ドレイクを王様に選び、ほかのチームよりも強い権力を得ることを自分たちの目標にした。そして、ドレイクは、目標を達成するためにリーダーとしての責任を果たさざるをえなくなった。もし、ドレイクのチームが授業中に生産的な学習をしなかったら、ほかのチームの障害とはならないため、妨害したり邪魔をすることができなくなってしまうのだ。

学習の過程で、ドレイクはより良い学習習慣を身につけ、メンバーのメンター的な存在にもなっていった。彼は常に、「自分ができることなら誰でもできる」と言ってチームメイトを励まし、チームはサークル（円）をつくってすべての課題に取り組むようになった。初めてクラス全体が学習に参加し、チームのメンバーである五人も学習内容に対する理解を深め、テストで赤点を取ることがなくなった。

ゲームにおいてドレイクのチームがほかの生徒の学習をじゃまする

ドレイク自身が何かに対してやる気があると気づいた瞬間から状況は変わった。ゲームの目標はクラス全員の積極的な取り組みを促進することだったので、ドレイクのような無関心な生徒にゲームをサボタージュ（妨害工作）するような役割を与えるのは私たちにとって難しいことではなかった。

はずであったが、継続的に挫折していた彼らにとっては必要とされる対処法になっていった。そして、年度末には、ドレイクは自分の能力に自信をもち、教室でも成功できるようになった。

たしかに彼は、「チャレンジ・タイム」のようなゲームでは勝てると学んだことだろう。しかし、それよりも重要なのは、このような肯定的な経験によってドレイクの学校に対する気持ちが変化したことである。さらに、数年にわたって続く効果的な学びと成長の原動力につながったことも重要であると言える。

おわりに——最後の明るい兆し

一冊の本、一本のペン、一人の子ども、一人の教師が世界を変えることができるということを思い出そう。（マララ・ユスフザイ）(1)

ある日、私たちが授業の打ち合わせをしていたら、成績優秀な一人の生徒が話をするためにやって来た。何人かの教師に「夢を諦めたほうがよい」と言われ、彼女は取り乱していた。彼女は小さいころから人を助けたいと思い、教師になることを目指していた。勉強が大好きで、成績も優秀な生徒だったので、教師になれるはずだと彼女自身は信じていた。

このような彼女に対してほかの教師たちは、「こんなひどい仕事はやめておきなさい」と伝えていた。それに加えて、「教師は誰からも尊敬されないし、生徒の試験結果で周りから評価されたり、長くて意味のない会議に出席しなければならないなど、本来やりたい仕事ができない」と言ったそうだ。

私たちは逆に、「たしかに感謝されないかもしれないし、ストレスもたまり、フラストレーションを感じるときが多いかもしれないが、教師というのは人を変えられる素晴らしい職業である」と言って彼女を励ました。そして私たちは、教育という仕事をするかどうかは自分自身で決めるようにと念を押した。

私たちのもとを去ったあと、彼女の気分は少しよくなったようだが、将来についての葛藤が多少残っていた。教師として人を助けたり、よい刺激を与えたいと思っていた彼女だが、逆に自分自身も、生徒に夢を諦めさせるような人になるのではないかと思いはじめたらしい。

彼女とのやり取りで、私たちが研究をはじめたきっかけを思い出した。本書で何度も述べたように、フラストレーションが私たちにとっては大きなモチベーションであった。というのも、私たちが新しいツールや教育手法を試しはじめたきっかけは、生徒によい影響を与えることが難しいというフラストレーションがあったからである。数えきれないぐらいの生徒が、何も学ぶことなく私たちの教室を後にしたのを見て、授業の準備に費やした労力のすべてが無駄であったと感じることが多かったし、授業そのものより生徒指導に時間を費やすという日もあった。

また、教育界が提唱する最新ツールや指導法を取り入れたあとでもフラストレーションが高まることがあった。というのも、試したあとに成果がほぼ見られなかったからである。このような経験をした教師であれば、研修や勉強会に対して批判的になるのも当然である。

---

(1)　(Malala Yousafzai)　パキスタン出身の女性。フェミニスト・人権運動家。二〇一二年、中学校から帰宅途中のスクールバスに乗っていたところをタリバンによって銃撃される。二〇一四年にノーベル平和賞を受賞している。

すべての書籍、勉強会、研修会や授業で試した多くの指導方法は、授業改善の可能性を秘めたものであった。しかし、一部の生徒の学習態度が一向に改善されないのを目の当たりにすると、生徒のよい変化も見逃してしまうことがある。また、他校の取り組みにおいて熱心に学びに向かっている生徒の姿を見てしまうと、自分の教室では同じような変化を起こすことができないと感じてしまい、やる気が削がれるような気分になったりもした。

このようなフラストレーションが教師の思考を支配するようになれば、何か新しいことを試みるよりも、「現状のままがよいのだ」と簡単に言い訳をするようになってしまう。そして、自分の教え方ではなく、新しいツールや目の前にいる生徒を非難しはじめてしまう。

このようなフラストレーションの悪循環から抜けだせたのは、自分たちの思考に教育の本質的な部分が欠けていたことに気づいたときである。まず、生徒一人ひとりに「頑張り屋」や「怠け者」などといったレッテルを貼るのをやめ、一人ひとりの個性を認識したうえで、さらに長所と短所を認識する必要があった。

いかなる教育上の問題でも解決できてしまうといった、万能薬のような指

生徒一人ひとりに対して「頑張り屋」とか「怠け者」などといったレッテルを貼るのをやめ、一人ひとりの個性を認識したうえで、さらに長所と短所を認識する必要がある。

導法はない。しかし、誰一人として疑問を唱えていない「問い」があることに私たちは気づいた。その問いとは、「何が生徒を挫折に導くのか？」である。生徒の挫折ポイントを認識することが、生徒一人ひとりの学習意欲に及ぼす影響を見いだすカギであった。

今まで私たちは、協力的な生徒はみんな努力家であり、協力的でない生徒は怠けていると捉えていた。そして、ほかの教師もそうであるように、私たちも生徒のやる気を評価しようとはしていなかった。成績や礼儀正しさ、さらには授業を受ける姿勢などは評価していたが、それは学習上の取り組みではなく、従順さに関する評価であった。

生徒に学習成果が見られなかったのは当たり前である。なぜなら、私たちは生徒の学習態度に気をとられすぎて、生徒が実際に学んでいるかどうかは二の次であったからだ。生徒が課題に対してどれだけ一生懸命取り組んだかよりも、課題を完成させることができたかどうかが大事であると思っていた。挫折ポイントの考え方は、私たちが今まで効果があると思い込んでやってきた評価方法が、大事な情報を得ることの妨げになっていたことに気づかせてくれた。

私たちが挫折を防ぐことに注意を向けるようになってから、以前なら面倒で効果がなさそうないくつかの指導法を日常的かつ効果的に使えるようになった。すると徐々に、多くの管理職や教師が称賛していた一人ひとりをいかす教え方[2]、協働学習[3]、テクノロジーを使った教え方などの新しい教育ツールや指導法が「ベスト・プラクティス[4]」と呼ばれている理由が分かってきた。

間違ったツールを使用していたわけではなく、ただ生徒のやる気が学習成果に与える役割を考えるまでに至っていなかったのだ。生徒が学習に注ぐエネルギーは、時によって変わるため、指導法のみでやる気を向上させることはできない。私たちは、授業を計画する段階で、学習の問題や妨げになるものをできるだけ排除し、生徒が壁に直面したとき、挫折せずに立ち向かうだけの雰囲気を教室につくらなければならない。

長い間、私たちは、教師の言動が生徒の成功にもっとも影響を及ぼすものであると思っていた。つまり、正しい指導法を用いれば学びが成立すると考えていたし、自分たちの努力次第ですべてが可能になると信じて疑わなかった。

古代の天文学者プトレマイオス（Claudius Ptolemaeus, 83～168）が、天動説が科学的に不正確であることを正当化しようとしたときのように、教師と教育現場が抱える課題を解決するために苦労してきた。数学をいくらやっても太陽系の中心から太陽を追いだすことができないように、教師がいくら努力しても「完璧」な学習環境を提供することはできない。必要なことは、教室内外における生徒の学びの可能性を広げるために、生徒のやる気をほかの視点から理解するといった私たちの意識改革である。

このように、挫折ポイントに焦点を移すと新しい世界が見えるようになった。また、頑張っているように見える生徒の姿だけが、学習に対するやる気の現れでないことにも気づきはじめた。

そして、教師の価値観を生徒に押し付けるような伝統的な動機づけの方法についても限界が見えはじめた。

もっとも印象に残った教訓の一つは、やる気というのは私たちが想像していたような形で現れないということだ。一生懸命課題に取り組まない生徒によく見られたケースだが、必死にやらなくても目標を達成することができると気づいていたのだ。時には、スマホをいじっていた生徒や私語をしていた生徒のほうが、静かに課題に取り組んでいた生徒よりも学習成果が高いということもあった。この気づきこそが、挫折をより迅速に見いだすのに役に立ち、解決に向けての効率的な糸口となった。

なかでも、挫折ポイントの考え方においてもっとも予想外であったメリットは、ほかの先生とのコラボレーション（協働）を向上させたことである。以前は、ほかの先生との議論といったら、

(2)　これについては、『ようこそ、一人ひとりをいかす教室へ』が参考になる。
(3)　これについては、『「学びの責任」は誰にあるのか』が参考になる。
(4)　ある結果を得るのにもっとも効率的かつ効果的な技法、手法、プロセスのこと。日本の教育界は、この情報についてとても疎い状態が続いている。そのため、効果的とは言えない教え方を延々と続けているわけである。上記の三つ以外の「ベスト・プラクティス」には、ライティング・ワークショップとリーディング・ワークショップ（「作家の時間、オススメ図書紹介」で検索すると、本のリストが見られる）や、『だれもが科学者になれる！』、『教科書では学べない数学的思考』、『社会科ワークショップ』、『歴史をする』などが含まれる。

授業進度やプロジェクトのアイディアといったものでしかなかったが、挫折の解決策に重点を置くようになってからは授業進度を気にしなくなったし、話す対象者は同じ教科でなくてもよくなった。

私たちは、教育委員会や他教科の先生ともチームを組んで、生徒のやる気を最大限に引き出し、挫折を回避する方法について意見交換をはじめることにした。たとえば、数学の授業について社会科の教師から最高のアドバイスが得られたり、田舎の小規模校で教鞭を執っている教師が都会の大規模校に勤めている教師から授業改善のヒントをもらったりもした。挫折ポイントの考え方は、それぞれの教え方や経験値とは関係なく、全員が一緒に仕事をすることができる普遍的な教育用語となったのだ。

実際、誰だって挫折する。これは、人間がもっている性質というよりも、条件がそろえば論理的なことで予測可能なことである。教師が全力を尽くして挫折を食い止めようとしても、予期せぬことが起こり、迅速な対応が求められることだってある。認めたくはないだろうが、忍耐強い大人であっても生徒と同じように挫折してしまうときがあるのだ。

アメリカの映画『G.I.ジョー』(二〇〇九年)に「知るは戦いを制す」とあるように、生徒は困難に直面すると諦める傾向があると認識することは、学校を生徒が成長できる場所にするための第一歩となる。挫折ポイントの考え方が感情的な反応から発生したものであったとしても、与えられた課題の優先順位が低いために発生したものであったとしても、挫折に対する私たちの対応は、生徒との関係づくりを左右するほど大きな役割を果たすことになる。

何があっても、どんなときでも親が子どもに寄り添い続けるように、生徒のやる気のあるなしにかかわらず、教師はいつでもサポートしてくれると感じられるように振る舞う必要がある。そして、時には、挫折を避けるために教師が創造力を使う必要もある。

どんなに素晴らしい授業や課題であっても、すべての生徒のやる気向上につながるとはかぎらない。大人が、老後のための貯金や定期的な健康診断、歯科の診察が必要であると分かっていながらもそれを怠ってしまう場合と同じく、生徒も責任ある決断ができない状況に陥るときがある。貯金や健康管理と同じように、最良の選択をするために、ちょっとした後押しが必要な生徒もいるのだ。

教師は、試行錯誤することを学ぶ必要がある。そして、生徒がやる気を維持するために必要なことを見つけだすのだ。前述したように、私たちは生徒の国づくりプロジェクト（一八二〜一八七ページ参照）やクラスのウェブサイトをスマホ画面で見やすくする課題（二〇三〜二〇四ページ参照）を計画していたわけではない。これらは、私たちが生徒を観察して得られた情報と、生徒たち自身の挫折ポイントを振り返ってもらったときに出たアイディアをもとにしてできあがった副産物である。

教師の役割は、達成感を高める価値のある課題を考えたり、何事にも負けないだけの姿勢を育成したり、学習の妨げになるものを排除したりすることに変わった。挫折ポイントの考え方と生徒のやる気に及ぼす影響を理解したうえで、新たな思考を身につけることが教師としての役割となる。私たちは、もはや教壇というステージ上の賢者ではなく、生徒に力を与えるファシリテーターなのだ。この新しい役割をどのようにこなすかで生徒の学びが左右されることになる。

アーサー・C・クラーク氏（xi～xiiページ参照）の名言を再び借りるが、私たちは教育の未来が「素晴らしい」ものになると確信している。私たちが経験したこの四年間に未来を垣間見ることができたことで、今では、かつてないほど教育に期待するようになった。

私たちは、授業が成功する理由を日に日に理解するようになっていった。たとえ計画どおりに授業が進まなかったとしても、そのときにどうしたらよいかが分かるようになった。帰宅中にイライラしたり、疲れたりすることはもうない。私たちは今、誇りをもって「教えることは素敵な仕事であり、変化をもたらすことは素晴らしいことだ」と言えるようになった。

訳者あとがき

ほとんどの教師が生徒の「やる気」を高めようと努力されていることでしょう。そのためのやり方について書かれた書籍がたくさん刊行されていますので、それらを読まれている人も多いことでしょう。しかし、それらの本に書かれていた方法を試しても満足感が得られなかったという人が多いのではないでしょうか。たぶん、そんな人が本書を手にされたのでしょう。いや、「挫折」を乗り越える方法を知りたいという理由で手にされたのかもしれませんね。

ところで、「挫折ポイント」という言葉を初めて目にした人は、「どういうこと？」と疑問をもたれたのではないでしょうか。本書を読まれて、その疑問は解消できましたか。たぶん、「あっ分かる！」と感じられたことでしょう。

これまでに出版されている類似書籍とは異なり、本書は教育現場に新しい用語と新しい考え方を導入し、これまでの議論に対して新しい解決策を提供しています。本書に書かれていたように、挫折することによって注意力の散漫、欲求不満、怠慢、無関心、そして不安感が引き起こされます。挫折をもたらす原因として、楽観的な考え方の乏しさ、エネルギーを吸い取られてしまう日々の出来事といった社会や学習環境などが挙げられます。本書では、生徒たちが満足感を得るため、そして学びに対する「やる気」を高めることを目的として、挫折を乗り越えるためのツールが実践例とともに提供されていました。

本書を著した意図を原著者二人に尋ねたところ、「教師経験をいかし、同じ悩みを抱える教師たちを助けるために、『挫折ポイント』という考え方を広めることを目的としています」という答えが返ってきました。教育界における素晴らしい貢献と言えます。自身の悩みをさらけだし、同じ悩みを抱いている教師たちに、単なる動機づけやその場かぎりとなる活動マニュアルではなく、教室において効果的に活用してほしいという願いが込められているのです。

読まれてお分かりのように、本書で提唱されている「挫折ポイント」を分かりやすく説明するために、さまざまな研究調査に著者自身の経験を織り交ぜる形で各章が展開されています。それが理由でしょう。各章とも、導きだされた結論には説得力があります。読者に対しては、「新しい知恵と勇気が得られる一冊になっている」と、訳者を代表してお伝えしたいです。

実は、本書の翻訳をすることが決まった段階で、私が勤務する文教大学教育学部に「挫折ポイント研究会」をつくりました。この研究会において、一年以上にわたるブッククラブ活動と研究調査を行うなか、翻訳活動に取り組みました。当時、一〇名の教育学部生（奥付参照）とゼミ教員である私をはじめとして、共訳者である吉田新一郎さんとともに翻訳を進めました。研究会で本書の原書と草稿を読んだ回数は数えきれませんが、そのたびに新しい視点での実践アイディアが生みだされました。たぶん、読者のみなさまも新しい発見をされたことでしょう。

本書はアメリカの教育者を対象として書かれたものですが、日本の教育現場にとっても数多くの「学び」が含まれています。たとえば、一回目のブッククラブでは、多くの教室にパソコンもWi-Fiもなく、日本には関係がないテクノロジーの章とされていた第7章が、新型コロナウィルスのパンデミックから急ピッチにオンライン授業の導入やGIGAスクール構想が前倒しされたことで、二回目のブッククラブでは「教育現場で一番読んでほしい章」という結論に至っています。あくまでも一例ですが、わずか一年でこのように意識が変わっていくのです。

となると、八〇年も前から日本の教育界で繰り返されている「飴と鞭」論は、そろそろ終わりにしたいものです。研究会のメンバーは、学習者が学ぶことを諦めたり、挫折した瞬間という視点から「やる気」を取り上げている本書を読み進めたことで、学校現場だけではなく、社会のあらゆるところで何かを教えるということができると感じたはずです。

メンバー全員が英語教育ゼミでの実践と研究を進めると同時に「挫折ポイント」に興味をもち、熱心に研究会での活動に参加してくれました。長時間にわたる研究と共同作業という経験から得た知恵が、将来の教師生活に反映されることを期待しています。そして、彼らとともに学んで成長する次世代の生徒たちが充実した学校生活を送ることを願っています。

最後になりますが、下訳に何度も目を通してくださった翻訳協力者（奥付参照）のみなさまに感謝を申し上げます。みなさからは多くのフィードバックやサポートをいただきました。それらによって、本書がさらに読みやすく、分かりやすくなったと思っております。また、本書の出版に際し、株式会社新評論のみなまさに御礼を申し上げます。

福田スティーブ利久

二〇二一年八月

・吉田新一郎ほか『シンプルな方法で学校は変わる――自分たちに合ったやり方を見つけて学校に変化を起こそう』みくに出版、2019年
・ラッシュ、マーサ・セヴェットソン『退屈な授業をぶっ飛ばせ！――学びに熱中する教室』長﨑政浩ほか訳、新評論、2020年
・レヴィスティック、リンダほか『歴史をする――生徒をいかす教え方・学び方とその評価』松澤剛ほか訳、新評論、2021年
・レント、リリア・コセット『教科書をハックする――21世紀の学びを実現する授業のつくり方』白鳥信義ほか訳、新評論、2020年
・ロススタイン、ダンほか『たった一つを変えるだけ――クラスも教師も自立する「質問づくり」』吉田新一郎、新評論、2015年

──「違い」を力に変える学び方・教え方』山崎敬人ほか訳、北大路書房、2017年
・トムリンソン、キャロル『一人ひとりをいかす評価──学び方・教え方を問い直す』山元 隆春ほか訳、北大路書房、2018年
・ハミルトン、コニー『質問・発問をハックする（仮題）』山崎亜矢ほか訳、新評論、近刊
・ピアス、チャールズ『だれもが科学者になれる──探究力を育む理科の授業』門倉正美ほか訳、新評論、2020年
・フィッシャー、ダグラスほか『「学びの責任」は誰にあるのか──「責任の移行モデル」で授業が変わる』吉田新一郎訳、新評論、2017年
・プロジェクト・ワークショップ編『増補版　作家の時間──「書く」ことが好きになる教え方・学び方（実践編）』新評論、2018年
・プロジェクト・ワークショップ『読書家の時間──自立した読み手を育てる教え方・学び方【実践編】』新評論、2014年
・ボス、スージーほか『プロジェクト学習とは──地域や世界につながる教室』池田匡史ほか訳、新評論、2021年
・メイソン、ジョンほか『教科書では学べない数学的思考──「ウーン！」と「アハ！」から学ぶ』吉田新一郎訳、新評論、2019年
・メイナード、ネイサンほか『生徒指導をハックする──育ちあうコミュニティーをつくる「関係修復のアプローチ」』高見佐知ほか訳、新評論、2020年
・モーラン、キンバリー『子育てのストレスを減らす10の「魔法」のことば──子育てをハックする』阿部良子ほか訳、新評論、2020年
・吉田新一郎『テストだけでは測れない！──人を伸ばす「評価」とは』NHK 生活人新書、2006年

訳注で紹介した本の一覧

・アトウェル、ナンシー『イン・ザ・ミドル――ナンシー・アトウェルの教室』小坂敦子ほか訳、三省堂、2018年
・アラビト、クリスィー・ロマノ『静かな子どもも大切にする』古賀洋一ほか訳、新評論、2021年
・伊垣尚人ほか『数学者の時間（仮題）』新評論、2022年刊行予定
・井久保大介ほか『科学者の時間（仮題）』新評論、近刊
・エンダーソン、マイク『教育のプロがすすめる選択する学び――教師の指導も、生徒の意欲も向上』吉田新一郎訳、新評論、2019年
・オストロフ、ウェンディ・L『「おさるのジョージ」を教室で実現――好奇心を呼び起こせ！』池田匡史ほか訳、新評論、2020年
・グラッドウェル、マルコム『天才！　成功する人々の法則』勝間和代訳、講談社、2009年
・サックシュタイン、スター『成績をハックする――評価を学びにいかす10の方法』高橋裕人ほか訳、新評論、2018年
・サックシュタイン、スター『ピア・フィードバック』山本佐江・田中理紗ほか訳、新評論、2021年
・ジョンストン、ピーター『オープニングマインド――子どもの心をひらく授業』吉田新一郎訳、新評論、2019年
・スペンサー、ジョンほか『あなたの授業が子どもと世界を変える』吉田新一郎訳、新評論、2020年
・トープ、リンダほか『PBL――学びの可能性をひらく授業づくり』伊藤通子ほか訳、北大路書房、2017年
・富田明広ほか『社会科ワークショップ』新評論、2021年
・トムリンソン、C.A.『ようこそ、一人ひとりをいかす教室へ

訳者紹介

福田スティーブ利久（ふくだ・スティーブ・としひさ）
神奈川県生まれ。長崎ウエスレヤン大学、愛媛大学院教育研究科、アメリカ・ミネソタ州ウェルデン（Walden）大学院教育博士課程修了。長崎県私立高校、愛媛大学、徳島大学な教育歴を経て、現在、文教大学准教授。専攻は英語教育学。

吉田新一郎（よしだ・しんいちろう）
この本を参考に、学校や授業をこれまでしてきたことの延長線上で考えるだけでなく、逆転の発想で突破口を見いだす時が確実に来ています！　問い合わせなどは、pro.workshop@gmail.comにお願いします。

翻訳協力者
福田直実、佐藤可奈子、谷田美尾、山崎亜矢、吉川岳彦、北平睦

「挫折ポイント研究会」メンバー
大和久晶代、銭谷美咲、佐々木亜里沙、小椋真美、酒井立樹、杉本侑矢、柴田圭祐、高野資也、吉原寛人、松下裕香

挫折ポイント
——逆転の発想で「無関心」と「やる気ゼロ」をなくす——

2021年９月15日　初版第１刷発行

訳　者　福田スティーブ利久
　　　　吉　田　新　一　郎

発行者　武　市　一　幸

発行所　株式会社　新　評　論

〒169-0051
東京都新宿区西早稲田３-16-28
http://www.shinhyoron.co.jp

電話　03（3202）7391
FAX　03（3202）5832
振替・00160-1-113487

落丁・乱丁はお取り替えします。
定価はカバーに表示してあります。

印刷　フォレスト
装丁　山田英春
製本　中永製本所

Printed in Japan
ISBN978-4-7948-1189-9